中国旅游发展年度报告书系
Annual Development Report of China's Tourism

中国国内旅游发展年度报告 2017

ANNUAL REPORT OF CHINA DOMESTIC TOURISM DEVELOPMENT 2017

中国旅游研究院

北京·旅游教育出版社

责任编辑：郭珍宏

图书在版编目（CIP）数据

中国国内旅游发展年度报告. 2017 / 中国旅游研究院著. -- 北京：旅游教育出版社，2017.7
ISBN 978-7-5637-3604-1

Ⅰ. ①中… Ⅱ. ①中… Ⅲ. ①国内旅游－旅游业发展－研究报告－中国－2017 Ⅳ. ①F592.3

中国版本图书馆CIP数据核字(2017)第175007号

中国国内旅游发展年度报告2017
中国旅游研究院　著

出版单位	旅游教育出版社
地　　址	北京市朝阳区定福庄南里1号
邮　　编	100024
发行电话	（010）65778403　65728372　65767462（传真）
本社网址	www.tepcb.com
E - mail	tepfx@163.com
排版单位	北京旅教文化传播有限公司
印刷单位	北京中科印刷有限公司
经销单位	新华书店
开　　本	787毫米×1092毫米　1/16
印　　张	9.875
字　　数	135千字
版　　次	2017年7月第1版
印　　次	2017年7月第1次印刷
定　　价	55.00元

（图书如有装订差错请与发行部联系）

《中国国内旅游发展年度报告2017》
编委会

主任委员

戴　斌

编　　委（按姓氏音序排序）

戴　斌　蒋依依　李仲广　马仪亮　宋子千　唐晓云

吴丰林　吴　普　夏少颜　杨宏浩

《中国国内旅游发展年度报告2017》
编写组

主　　编

张佑印　中国旅游研究院区域旅游发展与规划研究所副研究员　博士

执行主编

吴丰林　中国旅游研究院区域旅游发展与规划研究所副所长　博士

编辑部成员（按姓氏音序排序）

陈　阳　高　颖　黄　璜　李　雪　林　月　刘春燕

吴丰林　殷英梅　张佑印

前　言

2016年是"十三五"规划开局之年，也是中国经济增幅收窄，寻找旅游发展新方位的关键一年。在中央出台的41项促旅政策和国家旅游局发布的54项"治旅方略"等红利政策推动下，2016年我国旅游消费保持高速增长，入境旅游继续复苏，出境旅游回归理性，三大市场呈现均衡发展新格局。

一、国内旅游市场呈现持续向好态势

1. 国内旅游业发展环境稳定向好

2016年，全域旅游推动旅游经济实现了较快增长，大众旅游时代的市场基础更加厚实，产业投资和创新更加活跃，经济社会效应更加明显，旅游业成为"稳增长、调结构、惠民生"的重要力量。

2. 国内旅游市场规模稳定增长

根据国内旅游抽样调查结果，2016年全年国内旅游市场无论是旅游人数还是旅游收入均创历史新高，为国内旅游产业健康快速发展提供了坚实保障。具体来看，2016年国内旅游人数达44.4亿人次，比上年同期增长11.0%。其中，城镇居民31.95亿人次，增长14.03%；农村居民12.4亿人次，增长4.38%。国内旅游收入3.94万亿元，同比增长15.19%。其中城镇居民花费3.22万亿元，增长16.77%；农村居民花费0.71万亿元，增长8.56%。从国内旅游市场多年发展趋势来看，旅游收入从2011年的1.93万亿元增长到2016年的3.9万亿元，游客接待量从2011年的26.41亿人次增长到2016年的44.4亿人次。总体来看，我国国内旅游市场规模长期保持15%左右的增长速度，而旅游收入总体保持12%左右的增长速度。

3. 节假日旅游成为当前主力

节假日旅游是当前我国旅游市场的一大热点，2016年我国国内旅游在各个节假日期间均有较快发展，其中市场规模及旅游收入均保持了10%左右的增长率。当前,全国七个节假日接待游客量达到14亿人次左右,约占全国国内旅游市场的32%,仅春节、国庆和清明三大节日,旅游收入就达到了8863亿元,占全年收入的22.5%,可以推测出七大节日所占比例将达到40%左右。

二、区域旅游非均衡格局未变,发展趋势向好

1. 区域间潜在出游力均衡化趋势逐渐显现

客源地潜在出游力在东、中、西三大区域之间依然呈7:2:1的三级阶梯状分布,即我国的客源市场有近70%源自东部地区,20%源自中部地区,10%源自西部地区。而从发展趋势来看,东部地区累计潜在出游力所占比重由2010年的70.0%下降到2016年的64.1%,呈现逐年降低态势。与此同时,中西部地区所占比重不断升高,累计潜在出游力所占比重由2010年的30.0%提升到2015年的35.9%,区域之间的差距呈现出明显的收敛态势。

2. 中西部地区旅游产业化速度高于东部

全国31个省(市、区)旅游目的地发展指数的区域分异依然显著,东部地区由于社会经济发达,旅游产业基础良好,依然是国内旅游目的地的核心区域。2015年东、中、西三大区域之间旅游接待量所占比例分别为48.54%、26.01%和25.44%,总体呈现5:3:2的格局。伴随着西部大开发、"一带一路"、全面建设小康社会、"515""旅游+"以及全域旅游等一系列国家战略的不断推进,中西部地区旅游产业发展速度不断提升,项目和资本向中西部聚焦的态势正在形成。从数据上看,2015年中部地区和西部地区旅游收入的增长率分别为20.5%和22.9%,均超过东部地区的15.6%;旅游人次的增长率分别为15.1%和13.4%,均超过东部地区的10.0%。中西部地区旅游发展的后发效应与比较优势逐渐凸显,区域之间的合作与战略连接为全国旅游业稳健发展提供了保证。

3. 区域间客流互动加强,促使均衡化发展格局显现

区域旅游流空间格局总体稳定,东部地区在旅游客流量和旅游交通便捷度方面均保持较强优势。其中,在客流量方面,依然以东部三大经济区之间、三大经济区与成渝地区之间、长三角与中部地区之间旅游流为主。在旅游通道便捷度方面,长三角内部的便捷度指数在区域尺度相对最高,达到15.69。北京流向天津的旅游流便捷度在省级尺度相对最高,达到20.63。相较于2010年,中西部地区的旅游流呈现快速发展趋势,如成渝地区与中部六省之间的客流量在

2010—2015年增长了43.8%，便捷度提升了45.5%；与环渤海地区的旅游流增长了55.5%，便捷度提升16.7%；与长三角地区的旅游流增长37.8%，便捷度提升了28.6%；与珠三角地区的旅游流增长了92.4%，便捷度提升了100%。旅游流的快速增长，带动着资金流、信息流、人才流以及文化流的互动发展，对区域间均衡发展起到促进作用。

三、国内旅游的休闲度假特征不断凸显

1. 旅游动机以度假／休闲／娱乐为主

我国国内城镇居民的旅游动机以度假／休闲／娱乐为主，占48.3%；其次是探亲访友，占27.2%；再次是观光游览，占13.9%，商务出差、健康疗养以及出于其他旅游目的地的游客比例均低于10%，分别为8.1%、1.4%、1.1%。可以看出，我国城镇居民已经走过纯观光游阶段，完全进入休闲度假旅游阶段，这与我国社会经济发展具有较为密切的关系。而对于农村居民来说，度假、休闲、娱乐也是最核心的旅游动机，占到36.4%，其次是探亲访友，占到31.7%。出于其余几个目的的旅游人数所占比重都很低，其中观光游览占6.4%，商务出差占12.9%，健康疗养占4.5%，其他旅游目的占8.1%。

2. 国内旅游人均花费水平显著提升

我国城镇居民2016年人均花费约1130.7元，城镇居民散客的花费构成情况是：交通费占比最高，为30.9%，住宿费占15.8%，餐饮费占26%，购物费占18.9%，景区游览费占5.6%，其他费用占2.8%。农村居民相对城镇居民旅游消费水平较低，2016年人均花费约691元。农村居民散客出游的花费构成情况是：交通费占比最高，为29.5%，住宿费占11.2%，餐饮费占26.8%，购物费占24.4%，景区游览费占4.8%，其他费用占3.3%。

3. 国内旅游偏好更注重休闲享受

其中，旅游餐饮方面，2016年，我国居民在出游时通常不只追求旅游目的地独特的风味小吃或地方美食，而且将注意力集中在营养、饮食文化欣赏、满足新奇感上；旅游住宿方面，国内居民更加偏好快捷酒店、主题酒店，不仅在意住宿条件，更在意文化氛围；旅游交通方面，自驾车成为近距离旅游的首选，而高铁成为中距离旅游的首选，航空成为远距离旅游的首选；出游时间偏好方面，国内居民出游主要集中在节假日期间，时间较短；旅游目的地偏好方面，风光优美、人文环境突出、生态环境优越的目的地逐渐成为居民出游的首选地；

旅游购物偏好方面，旅游纪念品排在旅游者购买商品榜单第一。

四、国内旅游发展新业态及经验不断涌现

1．政策理念创新案例

一是浙江湖州市通过"四轮驱动"全面推进全域旅游。湖州市以国家级旅游业改革创新先行区建设和国家全域旅游示范区创建为主线，以"旅游公共服务提升年"为载体，打好十套组合拳，全面构建四大旅游发展体系，初步实现了区域资源有机整合、产业融合发展、社会共建共享，以旅游业带动和促进经济、社会协调发展的一种新的区域协调发展。

二是湖北长阳县通过旅游业发展助力精准脱贫。长阳县通过开发全域旅游和乡村休闲度假旅游，在产业中实现了精准脱贫。长阳县结合美丽乡村建设，结合特色产业发展，让旅游扶贫成为精准扶贫的有力抓手，点、线、面结合打造木瓜产业及乡村旅游新型脱贫产业链，助力精准脱贫。

三是甘肃张掖市以5A级景区创建为抓手，带动区域旅游发展迈上新台阶。张掖市地处河西走廊中部，位于亚欧大陆桥经济带上，历史文化悠久，旅游资源丰富。然而，由于地处我国西北经济欠发达地区，旅游基础设施、配套服务设施不足等原因导致张掖旅游业长期比较封闭，旅游产业发展水平相对落后。近年来，张掖市政府以张掖七彩丹霞创建5A级景区为主要抓手，通过地企联动、内外互动等措施，努力提升全市旅游服务水平，优化旅游服务设施，完善旅游基础设施，努力将景区打造为国家级5A级景区，从而为张掖市旅游业树立标杆，以达到以点带面、区域提升的目的，最终打造更具竞争力的张掖市旅游产业环境。

2．营销推广创新案例

一是三亚通过"精品大调研"活动，让受众检验三亚旅游业发展。三亚作为我国休闲度假游的热点城市，近年来不断追求创新，提升自身发展潜力及竞争力。2016年，三亚全力推进全国首个"双修双城"试点，开展全域旅游规划发展，旨在加速国际化热带滨海旅游精品城市建设，为旅游市场服务夯实硬件基础。期间三亚市政府与新浪智库合作的"精品三亚"调研活动启动，为期一年，网友可以通过专题页面或微博专题参与调研，发表对三亚城市建设和旅游的见解。

二是杭州借助"大使环球行"活动，大力拓展国际旅游市场。杭州市旅游

委员会通过对"一带一路"国家战略的深入学习和对年度国际趋势的预判，紧扣国家旅游主题，策划了以"杭州大使环球行"活动为核心、新媒体传播为手段，主攻入境市场的一系列活动，并首次在政府入境旅游推广领域实施跨界营销，推行"旅游外交"。活动期间，杭州旅游Facebook官方账户帖文覆盖过亿受众，粉丝增长近80 000人，总粉丝数量超140 000；YouTube视频点击超过百万次；共计700余家境外媒体报道、转载了相关内容，覆盖杭州旅游欧美主要目标市场；境内也吸引了新华社、新浪、中新社等主流媒体关注，引发了200篇新闻报道。

三是台州借助"旅游体验师"活动推广旅游市场。台州旅游针对上海百万大学生特定群体，开展以"台州味道　上海知道"为主题的200名"台州旅游体验师"招募活动。充分利用腾讯网PC、移动端等新媒体，总曝光量达5200万，5天内有4816人报名。体验期间腾讯新闻客户端全程直播，PV达43万；体验师发微信朋友圈1300余条，点赞数达12万，形成裂变式传播。本活动突破传统，层层推进，多轮传播；规模大，辐射广；定位准，成本低，效果好。

五、2017年国内旅游业发展趋势展望

1. 我国的国内旅游将面临更好的发展环境和机遇

我国国内旅游业的迅速发展与中央对旅游业的政策调控有密切关系，国家出台了一系列政策促进国内旅游产业的发展与市场的完善。在2017年的旅游产业发展中，将继续推进全域旅游、"旅游+"、厕所革命等政策的实施。同时，2017年也是全域旅游和厕所革命等旅游政策效应初显的时期。2017年，国家将继续推进新型城镇化建设，并努力推动新型工业化、农业现代化和现代服务业的发展，旅游产业与上述国家的建设重点可以良好地融合，特色小城镇、工业旅游、休闲农业等将获得更多的政策支持，赢取广阔的发展空间。带薪休假政策、土地供给政策、金融支持政策以及财税政策等一系列相关领域政策的提出，也为国内旅游业的大发展提供了优良的环境。

2. 2017年国内旅游市场发展预期稳定

2017年是实施"十三五"规划的重要一年，也是推进供给侧结构性改革的深化之年。我国旅游市场规模稳步扩大，旅游业在创新发展中继续领跑经济增长。我国旅游已经发展到大众化旅游中高级阶段，向日常休闲回归，差异化游憩环境逐渐成为休闲的手段。休闲已成为越来越多百姓日常生活中的基本需

求,国内旅游需求旺盛,旅游投资维持高位,旅游就业稳步增加。据推断,预计2017年全年旅游总收入将达5.3万亿元,同比增长12.3%。国内旅游人数达48.8亿人次,同比增长10%;国内旅游收入达4.4万亿元,同比增长12.5%。

3."旅游+"将继续发挥效用,旅游新业态将不断涌现

伴随着VR、AR等技术的兴起与推进,2017年,科技进步对我国旅游发展的影响将更加深入,并将全面影响我国旅游管理的手段、产品供给的方式以及游客的消费模式。智慧景区和智慧城市的建设将更加完善,游客的出行、游览、住宿以及购物等都将更为智能化和自动化。云平台、物联网、大数据等持续改变着政府部门对旅游产业的监管和控制形式,在旺季游客疏导、旅游公共服务等方面更加精准和有效。网络技术的发展将改变产品的供给模式,免费Wi-Fi、电子导游、智能讲解、信息推送等将成为2017年旅游与科技发展融合的重点对象。科技发展将为我国旅游业的信息化水平提升以及持续深入的发展注入强劲的动力。

目 录
CONTENTS

第一章 国内旅游发展状况与特征 ······ 1
 一、2016年国内旅游发展的总体情况 ······ 2
 二、2016年国内旅游发展的问题 ······ 8
 三、2017年国内旅游发展的新机遇 ······ 9

第二章 国内旅游市场特征 ······ 13
 一、国内旅游市场总体研究 ······ 14
 二、国内旅游出游潜力特征 ······ 19
 三、国内旅游市场消费特征 ······ 20
 四、国内旅游市场行为特征 ······ 30

第三章 国内旅游产业发展特征 ······ 43
 一、旅游目的地空间结构特征 ······ 44
 二、国内旅游合作新格局不断推进 ······ 65
 三、国内旅游目的地发展创新案例 ······ 71

第四章 国内旅游客流空间流动特征 ······ 81
 一、区域旅游流主要特征 ······ 82
 二、旅游流通道便捷度 ······ 103
 三、旅游交通发展促使"快旅慢游"格局形成 ······ 115

第五章 国内旅游节假日市场特征 ······ 121
 一、假日旅游市场增长速度依然较快 ······ 123

二、假日旅游消费行为受假期长度、气候气温、空间距离影响明显 ……125

三、2016年假日旅游市场新特征不断涌现……………………………128

四、假日旅游公共服务不断升级，游客满意度不断提升………………131

第六章　2017年国内旅游面临的新特征 ……………………………133

一、2017年国内旅游发展面临的新环境 ………………………………134

二、2017年国内旅游发展的主要任务 …………………………………138

三、2017年国内旅游发展的相关建议 …………………………………143

第一章
国内旅游发展状况与特征

一、2016年国内旅游发展的总体情况

2016年是"十三五"规划开局之年,也是中国经济增幅收窄,寻找旅游发展新方位的关键一年。在中央出台的41项促旅政策和国家旅游局发布的54项"治旅方略"等红利政策推动下,2016年我国旅游消费保持高速增长。2016年接待国内旅游人数超过44.4亿人次,国内旅游总收入达到3.9万亿元,比2015年分别增长11%和14%,基本实现预定发展目标。在大众旅游、全域旅游的带动下,中国的旅游发展日新月异。在全球经济增长放缓的背景下,中国旅游业却实现了国内旅游人次和收入保持两位数增长。旅游业正日益成为我国经济转型的新动能、消费升级的新引擎、供给侧改革的新抓手。

(一)国家政策情况

2016年可以被称为旅游政策年,全年发布国家级旅游政策52个,各级地方政府以及行业管理等方面也陆续出台了关于旅游产业促进、行业监管、投资保障等政策条文与规章办法。

1. 国家层面的大政方针

供给侧结构性改革等国家重大战略,对2016年的中国旅游业发展影响深远。在国家大政方针的指引下以及有利的政策环境下,国内旅游发展势头迅猛。2016年处于游客消费需求快速转型升级的阶段,我国旅游业积极推进旅游供给侧改革,从扩大产品供给、增强政府管理和提升服务水平等方面,提高供给质量。同时加强旅游市场综合治理,改善旅游市场环境,改变旅游供给中低端产品过剩的现状,积极融入科技、文化等要素的力量,实现了多元化的产品供给,积极适应并引导新时期消费者理念和行为的改变。

2. 促进旅游业发展的若干政策

2016年,全域旅游理念深入人心,并于2017年被写入了政府工作报告,标志着我国旅游业发展理念的重大转变。厕所革命仍在如火如荼地开展,并达

到了预期的目标。此外，国家和各级地方政府还出台了一系列促进旅游业发展的政策。如2016年12月发布的《关于实施旅游休闲重大工程的通知》《关于大力发展体育旅游的指导意见》，11月发布的《关于促进自驾车旅居车旅游发展的若干意见》《关于进一步扩大旅游文化体育健康养老教育培训等领域消费的意见》，9月发布的《关于加快推进2016年自驾车房车营地建设的通知》，5月出台的《关于推进体育旅游融合发展的合作协议》等，从旅游与相关产业融合、旅游基础设施建设以及旅游发展的其他保障条件等方面，提出指导性意见，促进国内旅游业更好更快地发展。

3. 规范旅游业发展的若干政策

为了更好地整肃市场环境，2016年，国家、各地方政府以及旅游主管机构相继发布了一系列规范旅游市场运行环境的文件，主要包括以下三类：一是继续推进市场整治的相关政策，如2016年10月，国家旅游局下发《关于组织开展整治"不合理低价游"专项行动的通知》；2016年7月，黑龙江省发布《全省专项整治旅游市场秩序行动方案》；2016年3月，湖南省旅游局发布《2016年全省旅游市场秩序治理工作行动方案》等，从国家和地方政府层面，继续整治低价游等旅游市场顽疾。二是规范旅游服务的相关政策，如2016年8月颁布的《关于深化导游体制改革加强导游队伍建设的意见》，以及2016年5月发布的《国家旅游局关于开展导游自由执业试点工作的通知》。三是促进旅游服务标准化的相关措施，如2016年4月发布的《全国旅游标准化发展规划（2016—2020）》，以及2月发布的《旅行社老年旅游服务规范》等。在一系列政策的规范下，2016年旅游市场环境得到进一步改善，旅游服务规范化程度得到进一步提高。

（二）客源市场发展情况

1. 客源地出游力分布总体呈现东—中—西梯度递减格局

在经济增速放缓的背景下，2016年，我国各大客源地的游客产出量仍然呈现出增长的态势。从区域分布角度来看，2016年我国客源地分布仍呈现东、中、西三级阶梯状发展格局，出游比例为6:3:1。从全国范围来看，2016年我国客源主要集中在环渤海、长三角、珠三角以及成渝四大经济区，其出游人次数累计占全国出游总人次的53.1%。从省际层面来看，我国出游力排在前五的分别是北京、上海、广州、江苏、浙江5个发达省（市）。从客源地分布情况看，一线及沿海发达城市仍是国内旅游的主力军，主要是由于这些城市居民相对拥有更高的消费能力，并已经形成了较好的旅游习惯。沿海经济发达省份为出游潜力最强地区，而中西部地区的出游力仍然较弱。客源地出游力分布总体呈现东—中—西递减格局。

2.城乡不同群体居民出游差异特征明显

从我国客源地城乡差异来看，2016年，我国城镇居民国内出游人数28.20亿人次，农村居民国内出游人数11.88亿人次，城镇居民的出游总人次是农村居民出游总人次的2倍以上。2016年，中青年市场仍然是我国国内旅游市场主力，尤其是25~34岁年龄段的青年群体，出游人次数达到11.07亿，为所有年龄段中出游人次数最高的阶层。从受教育程度来看，2016年，我国城镇居民出游者中，大专以上教育水平的出游者达到16.68亿，占所有城镇出游人数的59%，是当之无愧的出游主力军。而农村居民出游者中，初中及以下教育水平的出游者比重最大，出游人次数达到5.37亿，占比为45.22%。

3.西部地区爆发出强大的旅游消费潜力

2016年1—11月，排名前十的客源地仍以东部沿海城市为主，但增长最快的客源地主要集中在西部地区（见表1-1），如云南、四川、内蒙古、青海、新疆等，表明西部地区已成为我国旅游消费市场的生力军，并将在2017年表现出更大的潜力。

表1-1 2016年1—11月排名前十及增长最快的客源地

排名前十的客源地	增长最快的客源地
上海	天津
江苏	云南
北京	四川
广东	内蒙古
四川	青海
浙江	新疆
天津	海南
湖北	辽宁

续表

排名前十的客源地	增长最快的客源地
辽宁	福建
山东	安徽

数据来源：途牛旅游网大数据（2016年1—11月数据）。

（三）目的地发展情况

2016年，我国旅游目的地的发展有三大趋势：景区指数提升、旅游目的地发展不平衡以及区域合作不断加强。

1. 景区指数得到提升

将5A与4A景区作为核定各省（区、市）景区指数的主要依托，构建各地区旅游景区指数。2016年，我国国内旅游中景区指数最高的五个省份为江苏、浙江、广州、安徽和湖北，景区指数最低的省（区、市）为西藏、天津、青海、宁夏和海南。为进一步确保景区服务质量，2016年下半年开始，由国家旅游局牵头实行对景区等级的复查，要求不合格景区限期整改，整改完成并通过验收后，方可撤销对其的处理；通过这一举措，打破了当前旅游景区评级后一劳永逸的心态，促进景区服务持续改进。

2. 旅游目的地发展不平衡现象依然存在

2016年，我国国内旅游产业发展仍然呈现区域发展不均衡的局面，总的来说，东强西弱，南强北弱。东部地区的旅游接待能力与目的地建设一直处于领先地位，旅游接待人次与接待收入远超中西部地区。但中西部地区实现了较快的增长，尤其是云南和贵州两个省份，旅游接待人数与旅游收入增长率均超过40%。未来中国国内旅游东西不平衡的现象将会逐步得到改善。就接待质量而言，东部地区的旅游服务质量指数、星级饭店发展指数以及旅行社发展指数明显优于中西部地区。未来西部的旅游目的地发展，除了注重量的提高，还应进一步从质的提升入手，改善游客的目的地体验。

3. 区域旅游合作格局不断推进

"十三五"期间，我国旅游业将重点推进区域旅游资源要素的整合，加快旅游产业集聚发展，打造和培育旅游功能区，构建旅游业发展的新格局。2016年作为"十三五"的开局之年,区域旅游合作不断被推进。2016年,国家和各级地方政府及旅游主管部门继续推进京津冀旅游城市群、长三角旅游城市群、珠三角旅游城市群以及成渝旅游城市群的建设,同时推进香格里拉民族文化旅游区等20个跨区域国家特色旅游功能区的建设,重点打造川藏公路等25条国家旅游风景道。"十三五"期间,在全国旅游业发展宏观战略布局下,区域间的交流与合作将更加密切。

(四)旅游流情况

1.不同空间尺度的旅游流具有特定的表现规律

从全国的大尺度以及区域的中尺度两个视角考察旅游流动情况。以长三角旅游区、珠三角旅游区、环渤海旅游区以及成渝经济区为代表的中部旅游区构成了宏观尺度上旅游流动的主要部分。2016年,我国的大尺度旅游流流动趋势主要表现为:东部三大经济区之间形成的金三角双向旅游流、东部三大经济区流向中部地区和西部旅游资源大省的西向旅游流、西部相对发达地区流向东部三大经济区的东向旅游流。从旅游流的驱动模式看,金三角双向旅游流是经济、市场和资源混合驱动所形成的,西向旅游流是在资源和政策双重导向下形成的,东向旅游流则属于经济驱动型旅游流。中尺度旅游流主要是指在区域内部、周边省份以及省内各城市之间的旅游流。在这一尺度范围内的旅游流动,呈现明显的核心边缘结构。核心城市的带动效应明显,如北京、上海、广州以及成都等热点旅游城市,其旅游流动频率以及流动量都明显高于区域内其他次中心或者是边缘城市的流动量。

2.旅游流通道便捷度各有差异

各旅游区内以及旅游区之间的旅游流便捷度存在差异。总的来说,旅游流便捷度与物理距离呈负相关关系,而与经济发达程度和交通便利程度呈正相关关系。从全国范围来看,上海流向长三角内部的旅游流通道便捷度最高,便捷指数达到17.82;其次是北京流向环渤海内部的旅游流通道便捷度,达到11.97;而辽宁流向云贵地区的旅游流通道便捷度最低,便捷度指数只有0.05;此外,四川流向东北地区、辽宁流向成渝地区、湖南流向东北地区的旅游流通道便捷度也较低,便捷度指数均仅为0.07。区域内部的旅游流便捷程度各有差异,便捷程度仍然遵循与物理距离负相关,与经济发达程度以及交通便利程度正相关的规律。

3. 交通条件的改善为旅游的顺利流动提供保障

2016年，我国的航空、高铁、高速公路、邮轮等交通设施得到进一步发展，促进旅游发展"快旅慢游"格局的形成。2016年，民航固定投资总额为1700亿元，民航国内航线输送游客达到43 634万人次，比上年增长10.7%。全国民航运输机场完成旅客吞吐量10.16亿人次，比上年增长11.1%。铁路方面，2016年全国铁路固定资产投资完成8015亿元，投产新线3281公里，其中高速铁路1903公里。全国铁路旅客发送量完成28.14亿人次，比2015年增长11.0%。2016年全国公路总里程达到469.63万公里，比2015年增加11.90万公里，其中，高速公路建设完成投资8235.32亿元，增长3.6%。邮轮旅游作为一种特殊的旅游产品，在我国旅游市场上突飞猛进，迅速升温。数据显示，2015年中国邮轮市场总收入达45.3亿元，出游人次达218.5万，而到了2016年，中国邮轮总航次约为825次，同比大增31.2%，邮轮出游人次达369.9万，收入规模达到67.3亿元。迅速增长和改善的旅游交通条件，为旅游流总量的增加以及便捷度提升提供了保障。

（五）旅游市场状况

1. 国内旅游业发展实现稳步增长

2016年，在各种有利政策环境的影响下，我国的国内旅游产业实现稳步增长，国内旅游人数达44.4亿人次，比2015年同期增长11.0%。其中，城镇居民31.95亿人次，增长14.03%；农村居民12.4亿人次，增长4.38%。国内旅游收入3.94万亿元，增长15.19%。其中，城镇居民花费3.22万亿元，增长16.77%；农村居民花费0.71万亿元，增长8.56%。全域旅游推动旅游经济实现了较快增长，大众旅游时代的市场基础更加厚实，产业投资和创新更加活跃，经济社会效应更加明显，旅游业成为"稳增长、调结构、惠民生"的重要力量。

2. 游客出行方式、消费偏好与消费习惯持续改变

目前，大众旅游已然成势，旅游出行成为老百姓常态化的生活选项。休闲、度假、娱乐逐步取代观光成为城镇居民最重要的旅游动机。自由行成为主要的出行方式，与亲友一起自驾出行，并利用网络平台获取和分享旅游知识成为潮流。乡村旅游、邮轮旅游、健康疗养旅游、修学旅行以及冰雪旅游等旅游形式备受欢迎。近郊游仍为主导，但居民长线出行的比例不断增加。区域之间的旅游消费水平和消费能力存在较大差异，城乡游客的旅游消费习惯和消费行为不尽相同。游客出行的智慧化程度不断升高，在线预订与支付比重持续提升。

3. 创新成为国内旅游发展的重要驱动力

2016年的国内旅游市场涌现了一批创新驱动发展的案例。既有发展政策创新，如浙江的"四轮驱动"发展全域旅游，湖北长阳县的旅游助力精准脱贫；也有营销推广的案例创新，如三亚的"精品大调研"活动，台州的"旅游体验师"活动等。创新成为国内旅游业保持快速增长的重要驱动力，也是满足新时期游客变化了的旅游需求的重要途径。

二、2016年国内旅游发展的问题

（一）产品有效供给不足与居民旅游需求的矛盾仍然比较突出

2016年，制约我国国内旅游产业发展的主要因素不是需求不足，而是供给侧结构不合理，不平衡，不能适应需求侧多元化、升级型的消费。无效供给充斥市场，游客需求不能被充分满足，供需矛盾仍比较突出。多数景区仍然依靠门票作为主要收入来源，多数旅游企业卖产品而不是卖服务。随着中高端旅游市场的兴起，度假、休闲、娱乐、康养、探险等多种旅游需求旺盛，但市场提供的依然是附加值低、创新度弱的雷同性低端产品。在基础设施建设方面，厕所革命实现了预期的目标，但厕所革命仅是从基本的旅游供给方面改善旅游服务质量，在一定程度上说明我国旅游供给侧改革仍然任重而道远。

（二）旅游市场秩序混乱问题依然存在

2016年，我国旅游市场秩序混乱现象依然存在。全国共查处旅游业违法违规案件1324起，行政处罚819家旅行社。旅行社间乱借资质、拼团组团，外地旅行社不经批准私自设立办事处、乱拉客源的情况较普遍。低价恶性竞争，旅游商品购物点、旅游景点的门票和旅游酒店的住宿费用虚高标价，导游获取回扣问题严重，许多旅行社仍然利用所谓"零、负团费"骗取游客出行，通过强迫和变相强迫游客购买质次价高的商品，攫取高额利润、弥补较低的团费所带来的损失。尽管市场整治力度不断加大，但违规违法事件仍不断被曝光。此外，随着人们旅游消费方式的改变，一些新兴的平台型企业，如各类OTA，也存在低价揽客、恶性竞争、不规范操作等问题，扰乱了市场秩序。

（三）旅游业标准化、规范化水平较低

当前旅游业标准化、规范化水平较低。主要表现在：第一，市场定价不规范。买卖双方市场存在信息不对称；部分景点定价随意。第二，服务标准不统

一。旅游消费活动链条多，容易出现合同条款不明晰、各项活动安排服务不标准和责任界限模糊等问题。此外，与快速发展的旅游业相比，旅游服务行业的人才总量还存在较大缺口，人才整体素质偏低，旅游教育支撑不足，人才保障机制和开发机制相对滞后。由于旅行社经营者没有长远的战略计划，市场定位不明确，同时受经济利益驱动，各种不正当竞争现象在旅游市场中普遍存在。

（四）区域间旅游发展不均衡状况依然存在

2016年，我国区域旅游潜在出游力东、中、西部地区仍维持着东强西弱的格局，主要旅游客源地和目的地集中在东部经济发达地区，东部地区在三大市场均占主导地位，中西部地区旅游经济也十分活跃，但与东部地区差距较大，旅游发展潜力较大。环渤海、长三角、珠三角都市圈，以及三大都市圈的核心城市北京、上海、广州和深圳成为我国核心客源地。区域旅游长期不均衡发展，在很大程度上制约着旅游业整体质量的提升。尽管中西部的旅游发展速度有了较大提高，但与东部地区的差异仍然较大。

三、2017年国内旅游发展的新机遇

（一）全域旅游将继续引领国内旅游目的地发展

2017年3月，"全域旅游"首次写入政府工作报告，预示着中国推进"全域旅游"的步伐将更加务实、坚定。游客的关注点从"景点旅游"到"全域旅游"，游客对旅游目的地的信息需求和预订需求，不再局限于传统旅游景区，而是扩大到全过程旅游信息和全区域旅游要素，各渠道供应商迎来了巨大的发展机会。相对于旅游需求端的巨大改变与旅游渠道端的快速变化，旅游供给端——旅游目的地改变的步伐相对较慢，特别是中国的中西部地区和东北地区，旅游目的地大多还处于"景区当家"状态，宾馆、餐饮、购物、娱乐等旅游要素基本为从属配套角色，全域旅游还处于起步阶段。2017年，在全域旅游获得更大重视的政策背景下，旅游目的地建设和发展将迎来重大的变革，获取更大的发展。

（二）国家战略推动区域旅游联动发展

当前，在"一带一路"、区域一体化等国家战略的指导下，在"旅游+""全域旅游"等战略的推动下，中国的区域旅游的理念和内涵均有所丰富，区域旅游业和区域经济表现出相似的态势，总体呈现区域均衡化发展趋

势。"十三五"期间，我国将建设京津冀旅游城市群、长三角旅游城市群、珠三角旅游城市群、成渝旅游城市群和长江中游旅游城市群，建设香格里拉民族文化旅游区、太行山生态文化旅游区、长江三峡山水人文旅游区、大别山红色旅游区等20处特色旅游功能区，以及川藏公路风景道、大运河风景道、海南环岛风景道等25条国家旅游风景道。2017年4月1日，中共中央、国务院决定设立河北雄安新区，其旅游业发展将会在极大程度上带动京津冀地区的旅游发展。

（三）国内经济的供给侧结构性改革为旅游产业发展提供新契机

供给侧结构性改革是旅游业发展的重大机遇，也是激发旅游市场活力的巨大动力。供给侧结构性改革，一是强调依靠改革创新培育发展新动能、改造提升传统功能，深入开展"大众创业，万众创新"；二是强调用新思路、新举措挖掘内需潜力；三是强调大力优化产业结构，大力发展新兴产业，加快发展现代服务业。旅游业是"双创"的广阔舞台；供给侧结构性改革有利于降低旅游企业的生产要素成本，为旅游企业发展提供更大融资便利；国家应出台更多的相关政策，包括落实带薪休假制度，改善旅游设施，规范旅游市场秩序，壮大养老健康消费以及增加中高端消费等。2017年，在国家继续推进供给侧结构性改革的背景下，旅游业将迎来转型升级的更大机遇，旅游供给结构进一步优化，推动旅游业由低水平供需平衡向高水平供需平衡移动。

（四）国家交通网络的发展带来市场大机遇

发展是硬道理，交通是硬支撑。近年来，我国交通运输领域从扩大有效供给、提升供给效率、优化供给品质等方面精准发力、攻坚克难，为经济社会发展提供了强有力的支撑。"十三五"时期是我国交通运输基础设施发展、服务水平提高和转型发展的黄金时期，2017年交通运输部将继续建设和完善航空、铁路以及高速公路等主要路网，继续推进十纵十横的综合运输大通道的建设。完善的大交通环境，将为我国旅游带来新的条件、新的机遇，更加适应未来日趋增长的旅游市场的需求，为我国旅游带来更大的提升空间。

（五）市场变化机遇

1. 国内旅游市场规模将进一步扩大

2016年，我国国内旅游突破44亿人次，年增长率达11%，大众旅游时代已经悄然而至，旅游日益成为老百姓一种常态化的生活方式，中国已经成为全球第一的国内旅游市场。2017年是实施"十三五"规划的重要一年，也是推进供给侧结构性改革的深化之年。根据旅游业发展的"十三五"规划，我国城乡居民出游人数年均增长10%左右，旅游总收入年均增长11%以上，旅游直接投资年均增长14%以上。据此，预计2017年全年旅游总收入将达5.3万亿元，同比增长12.3%；国内旅游人数达48.8亿人次，同比增长10%；国内旅游收入达4.4万亿元，同比增长12.5%。庞大的市场规模为我国国内旅游业的发展提供了不竭动力。

2. 旅游消费水平将进一步提升

随着我国国民经济的不断发展，居民可自由支配收入不断增加，家庭的恩格尔系数持续下降。2017年，我国居民的旅游消费水平将进一步提升。当人均GDP在1000美元以下时，居民消费主要以物质消费为主；人均GDP在3000美元左右时，进入物质消费和精神文化消费并重时期；人均GDP超过5000美元后，居民的消费将以精神文化消费为主。2016年，全国居民人均可支配收入达到3500美元。虽然我国的经济发展不再保持高位增长，但每年7%左右的增长率仍然为居民旅游消费水平提升提供了保障。当前，我国人均出游仅为3.4次，离发达国家居民每年出游8次以上还有很大差距。2020年，我国人均GDP有望突破1万美元，旅游消费的需求将呈现爆发式增长，为旅游业发展提供巨大的发展动力。

3. 老龄化群体对养老、医疗旅游的刚需将更加显现

目前，中国已经成为世界上老年人口最多的国家，也是人口老龄化发展速度最快的国家之一。据联合国统计，到21世纪中期，中国将有近5亿人口超过60岁。老龄化社会的到来对中国的养老产业提出了更高的要求，养老产业迎来了春天。旅游作为一种放松身心、提高生活质量、增加幸福感的重要产业，是老年人安度晚年生活的重要选择。旅居养老、候鸟式度假等形式近年来受到越来越多老年人的关注。国家对养老产业的支持力度、深度和广度前所未有。老年人，尤其是城镇退休居民，有钱有闲，而且不受旅游季节性的限制，是我国旅游市场的重要构成部分，也是平衡我国旅游淡旺季的重要力量。2017年，医疗旅游、健康旅游、养生旅游等形式将获得更大的政策支持以及市场追捧，为我国旅游业的发展注入持久的动力。

4. "体育产业+旅游"成为消费升级下的必需品

2017年，国家将统筹群众体育、竞技体育、体育产业发展，广泛开展全民

健身，使更多人享受运动的快乐，拥有健康的体魄。权威数据显示，2016年国内旅游实现总收入3.9万亿元，较前一年的增幅达到14%。同年，体育行业的总产值达1.8万亿元，保持16%的年均增长，但体育产业产值仅占GDP总产值的不到1%，发达国家体育产业产值一般占GDP总产值的2%~3%。可见，我国的体育产业还处于发展的初级阶段。在欧美国家，体育旅游占到旅游行业总产值的25%。未来中国体育旅游的发展潜力巨大，但仍需要较长的培育时间，根据国家体育总局的预测，2025年中国体育产业总规模将达到5万亿元。体育健身与旅游相结合而形成的巨大产业效益，将成为未来中国国内旅游产业的发展新亮点。

第二章
国内旅游市场特征

一、国内旅游市场总体研究

（一）国内旅游市场持续向好

1. 国内旅游市场规模已达到44.4亿人次

2016年，全域旅游推动旅游经济实现了较快增长，大众旅游时代的市场基础更加厚实，产业投资和创新更加活跃，经济社会效应更加明显，旅游业成为"稳增长、调结构、惠民生"的重要力量。根据国内旅游抽样调查结果，2016年，国内旅游人数达44.4亿人次，比上年同期增长11.0%。总体来看，国内旅游市场保持着高速稳固的增长。

2. 国内旅游市场总体保持10%以上的增长率

从近年来国内旅游市场发展规模来看（见图2-1），无论是旅游收入还是旅游人数均保持着稳步增加的态势。其中，在旅游收入方面，国内旅游市场收入规模从2011年的1.93万亿元增长到2016年的3.9万亿元，增长幅度为102.07%。而在旅游人数方面，我国国内旅游人数从2011年的26.41亿人次增长到2016年的44.4亿人次，总体增幅为68.12%。

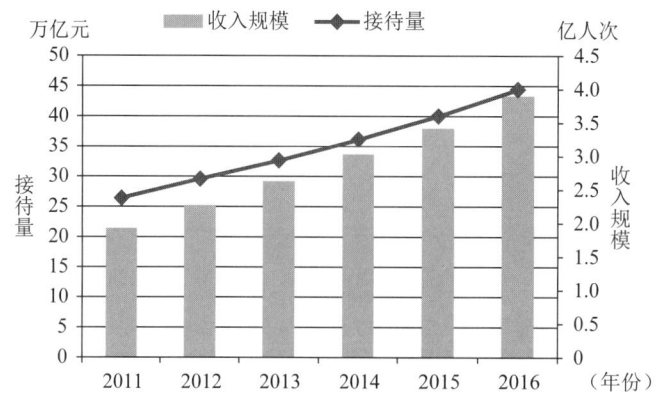

图2-1　2011—2016年国内旅游接待量和收入规模的变化

而从近六年国内旅游市场规模年度增长幅度来看（见图2-2），无论是旅游收入还是旅游人数，2011—2012年均发生了迅猛的增长，其中，游客接待量的增长率从1.2%增长到了12%，而旅游收入规模的增长率从5.8%增长到了17.6%。从2012年开始，国内旅游市场规模增长态势总体保持平稳，其中，国内旅游收入规模总体保持在15%左右，而旅游接待量总体保持在12%左右。

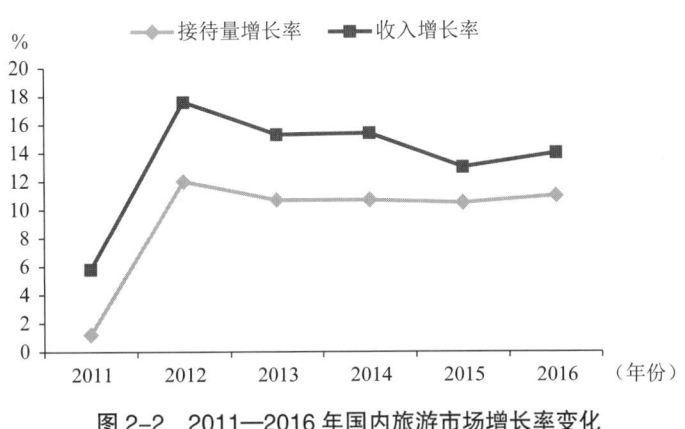

图2-2　2011—2016年国内旅游市场增长率变化

3.预计2017年国内旅游市场将创新高

2017年，我国旅游市场规模将稳步扩大，旅游业在创新发展中将继续领跑经济增长。我国旅游已经发展到大众化旅游中高级阶段，居民旅游正在向日常休闲回归，差异化游憩环境逐渐成为旅游需求的主要趋势。休闲需求进入越来越多百姓的日常生活，国内旅游需求旺盛，旅游投资维持高位，旅游就业稳步增加。

（二）区域旅游市场依然保持"6∶3∶1"结构

将我国旅游市场按区域划分为东部地区、中部地区和西部地区①，其中东部地区包括北京、天津、河北、辽宁、吉林、黑龙江、上海、江苏、浙江、福建、山东、广东、海南，2016年共接待国内旅游者50.53亿人次；中部地区包括：山西、安徽、江西、河南、湖北、湖南，2016年共接待国内旅游者31.44亿人次；西部地区包括内蒙古、广西、重庆、四川、贵州、云南、西藏、陕西、甘肃、青海、宁夏、新疆、新疆兵团，2016年共接待国内旅游者33.22亿人次。

图2-3描述的是区域市场在2011—2016年接待国内人数的变化趋势，无

---

① 所研究的区域未包括我国港澳台地区。

论哪个区域，接待量都在逐年增加。东部地区从2011年的30.95亿人次增长到2016年的50.53亿人次，中部地区从2011年的13.69亿人次增长到2016年的31.44亿人次，西部地区从2011年的14.14亿人次增长到2016年的33.22亿人次。但总体来说，东部地区整体接待规模要高于中西部，中西部的整体接待规模相当。最近两年，东部地区接待规模增长缓慢，西部地区接待量增长最快。

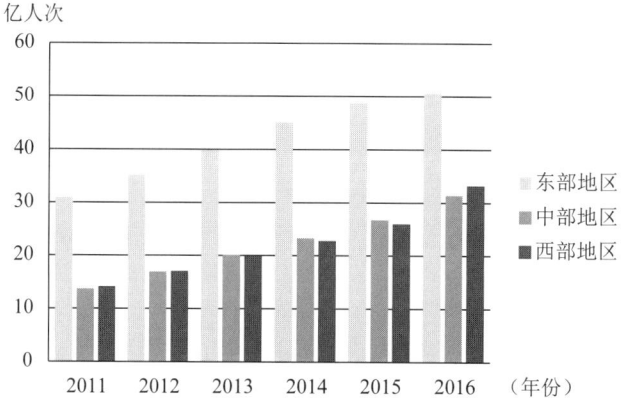

图2-3　2011—2016年区域总体接待量对比

由于各区域的省（区、市）个数不同，发展速度不同，图2-4显示的是2016年我国各区域的平均接待量，其中东部地区的平均接待量为3.89亿人次，中部地区的平均接待量为5.24亿人次，西部地区的平均接待量为2.77亿人次。中部地区的平均接待量是最大的，接近于西部地区接待量的2倍左右。

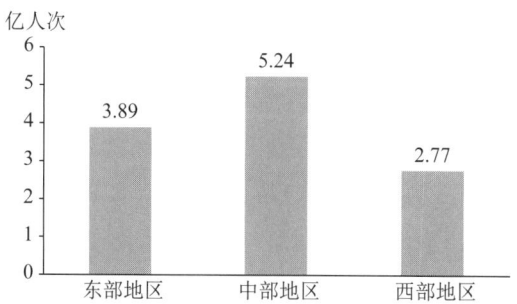

图2-4　2016年三大区域平均接待量

（三）国内旅游市场的城乡人口统计特征

1.国内旅游市场的城乡二元结构依然明显

图2-5为2016年城乡国内旅游人次对比情况，2016年全年，国内旅游人

数达44.4亿人次，比上年同期增长11.0%。其中，城镇居民31.95亿人次，增长14.03%；农村居民12.4亿人次，增长4.38%。国内旅游收入3.94万亿元，增长15.19%。其中城镇居民花费3.22万亿元，增长16.77%；农村居民花费0.71万亿元，增长8.56%。城镇居民在全年的旅游次数都高于农村居民的旅游次数，总人次上城镇居民人次是农村居民人次的两倍多，这说明当前我国国内旅游仍然以城市居民为主。而从时间维度上来看，我国城镇居民出游人数长期以来都高于农村居民，且这种差距呈现出扩大的趋势，所以未来如何促进农村居民出游应成为国内旅游的一个主要方向。

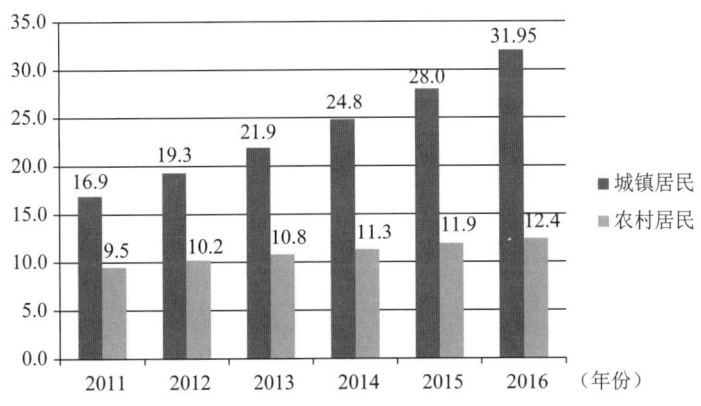

图2-5 城乡国内旅游人次对比

2. 中青年依然是国内旅游市场主力

如图2-6所示，2015年我国国内旅游市场的主力军是25~34岁的年轻人，为11.07亿人次；其次是45~64岁这一年龄段的人，为9.42亿人次；接着是35~44岁的人，为7.08亿人次；其余的14岁及以下、15~24岁和65岁及以上

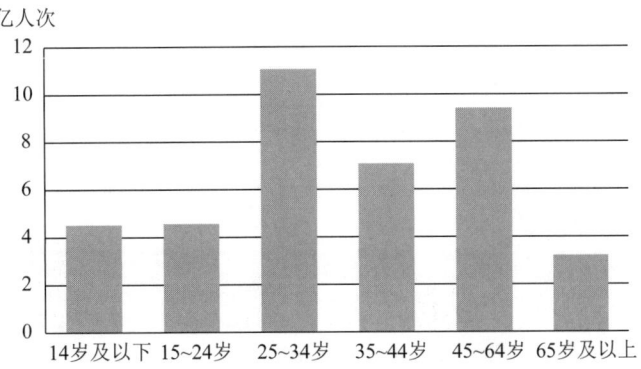

图2-6 2015年国内旅游人次年龄分布

分别为 4.52 亿人次、4.57 亿人次以及 3.2 亿人次。无论是城镇居民还是农村居民，25~34 岁的年轻人都是国内旅游的主力军。

3. 国内旅游市场呈现高学历趋势

从我国国内游客的受教育程度来看（见图 2-7），2015 年我国国内旅游市场依然呈现高学历趋势。其中大专及其以上的有 20.08 亿人次，初中及以下的有 11.34 亿人次，高中程度的旅游人次最少，为 8.43 亿人次。而从我国高学历人群区域分布来看，他们主要集中在东部发达的城市群内，这也成为我国休闲度假旅游市场得以快速发展的根本原因之一。

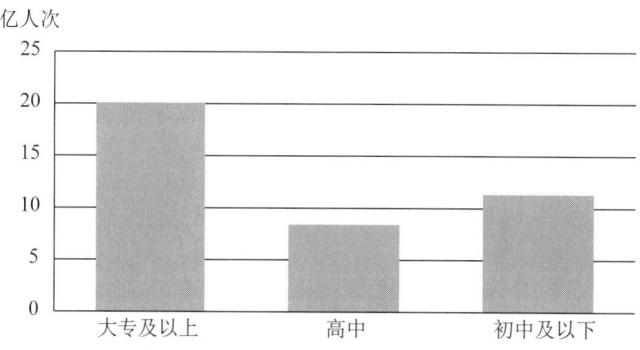

图 2-7 2015 年国内游客教育背景分布

由于我国城乡二元结构仍然严峻，教育水平差异较大。图 2-8 显示了我国国内游客教育程度在城乡中的差异分布。其中，城镇居民大专及以上人次最多，为 16.68 亿人次；而农村居民中国内游客人数最多的是初中及以下教育程度的游客，为 5.37 亿人次，说明我国城乡国内游客的教育水平差异较大。

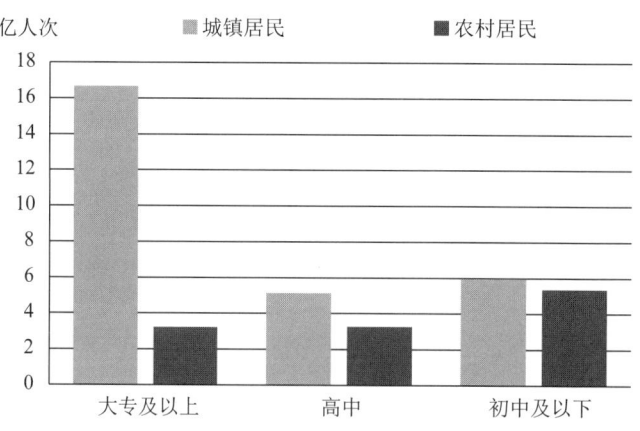

图 2-8 我国国内游客教育背景分布的城乡差异

二、国内旅游出游潜力特征

以前五年相对成熟的旅游客源地潜在出游力研究为基础，沿用2012年的指标选择，并更新为2016年的数据，综合应用SPSS数据分析软件和ArcGIS空间分析软件，对2016年旅游客源地潜在出游力的区域分异特征进行系统解读。同时，统计2016年"五一"小长假、"十一"黄金周和春节黄金周的游客出游情况，对客源地潜在出游力进行权重调整，使在社会经济统计指标基础上计算的客源地潜在出游力更能反映游客的真实出游能力。

将各省（区、市）因子综合得分进行标准化处理，可以得出2016年全国31个省（区、市）的客源地潜在出游力得分，得分介于0~1，得分越高表示居民出游潜力越大，得分越低表示居民出游潜力越小（见表2-1）。

表2-1 2016年各省（区、市）客源地潜在出游力得分及排名

省（区、市）	潜在出游力得分	排名	省（区、市）	潜在出游力得分	排名
上海	1.0000	1	陕西	0.3099	17
北京	0.9763	2	黑龙江	0.3086	18
广东	0.8456	3	山西	0.2952	19
江苏	0.7381	4	吉林	0.2906	20
浙江	0.7309	5	内蒙古	0.2889	21
山东	0.6503	6	江西	0.2845	22
天津	0.6135	7	海南	0.2732	23
福建	0.5246	8	云南	0.2521	24
河北	0.4983	9	广西	0.2368	25
湖南	0.4368	10	贵州	0.2159	26
辽宁	0.4029	11	新疆	0.1504	27
湖北	0.3901	12	甘肃	0.0906	28
河南	0.3634	13	宁夏	0.0891	29
重庆	0.3412	14	青海	0.0543	30
四川	0.3337	15	西藏	0.0000	31
安徽	0.3212	16			

（一）全国尺度总体呈现"6:3:1"市场结构

2016年，客源地潜在出游力地域空间形态保持相对稳定的态势，整体依然呈现"三级阶梯状"，形成东、中、西三个空间分异带：潜在出游力前十名的省份除湖南省外，全部分布在东部区域，东部省份中只有海南排在前十名之外；潜在出游力排名在第11~20位的省份，除西部省（市）重庆、四川、陕西外，均为中部省份；潜在出游力排名后11位的省份，除了江西和海南之外，其他省份均分布在西部区域。这种"东中西"的分布格局与中国区域经济地带差异呈现出相似的空间分异格局，也与中国三大阶梯分界线大致吻合，而且多年来保持相对稳定的态势。各省（区、市）出游力从东到西仍然表现为"6:2:1"的比例分割形态，东部地区占63.4%、中部地区占23.9%、西部地区占12.7%。区域差异明显，从东部到西部，出游力表现出明显的衰减趋势。

（二）四大经济区为出游潜力最强地区

传统的四个旅游客流产地：以北京为中心的环渤海都市圈、以上海为中心的长江三角洲都市圈、以广州和深圳为中心的珠江三角洲都市圈以及西南的成渝城市群，仍然是我国高客流产出区域，累计53.1%的出游力集中在上述传统经济区和新兴都市圈。

（三）沿海经济发达省（区、市）为出游潜力最强地区

可将全国31个省（区、市）划分为5种潜在出游力类型：①出游力极强地区：上海、北京、广东、江苏、浙江、山东、天津；②出游力强地区：福建、河北、湖南、辽宁、湖北、河南；③出游力较强地区：重庆、四川、安徽、陕西、黑龙江、山西；④出游力一般地区：吉林、内蒙古、江西、海南、云南、广西、贵州；⑤出游力弱地区：新疆、甘肃、宁夏、青海、西藏。出游力较高地区主要分布于我国东部地区和中部地区，而出游力较低地区则主要分布于我国西部地区。

三、国内旅游市场消费特征

当前我国各级政府抢抓机遇，大力发展大众旅游，促进旅游消费。我国旅游消费规模稳步扩大，结构快速变化，质量持续提升。在稳定的宏观经济和社会环境的保障下，国民旅游需求不断释放，旅游消费持续升温，产业投资和创新更加活跃。在全域旅游、厕所革命、"旅游+"战略、打击"不合理低价游"等工作的推进下，各地旅游消费环境日趋完善，旅游保障体系日益健全，旅游消费市场秩序不断优化。在不断升级的旅游需求推动下，自由行、品质游、度假休闲旅游市场规模逐步扩大，国内旅游市场全面开花。

（一）总体特征

当前我国旅游消费与日常生活融合不断加快，大众旅游上升为国家战略。基于中国旅游研究院相关研究成果和途牛旅游网大数据监测，2016年全国国内旅游年人均花费增长到880元，家庭旅游占比达60%，好友组织的出行占比在20%左右。自由行成为主要出行方式，自驾游、乡村游持续升温，带动全域旅游示范工作顺利开展。在旅游消费市场增量不断扩大的同时，旅游消费需求进一步提档升级，邮轮、海岛游、冰雪游等为代表的度假旅游消费增幅巨大，中国游客总数位居全球邮轮游客数量的第8位。2016年中国旅游消费市场主要特征如下。

1. 旅游消费与日常生活融合加快，大众旅游上升为国家战略

2016年3月，国务院总理李克强在政府工作报告中提出"要落实带薪休假制度，加强旅游交通、景区景点、自驾车营地等设施建设，规范旅游市场秩序，迎接正在兴起的大众旅游时代"。根据这一总体发展方向，2016年国家、地方连续出台了一系列促进旅游升级消费的政策措施。

2016年，旅游销售加入到以采购电器、服装、生活用品为主题的"双十一"促销战中，成为人们日常采购的主要对象，为备战"双十一"市场，途牛在10周年三天大促中，销售额同比增长294%，活动参与人数突破960万。途牛旅游网2016年第二季度财报显示，80%的在线旅游产品订单是通过移动端完成的。

这些数据表明，国民旅游消费正趋向常态化、日常生活化，居民旅游消费变得更加频繁，购买决策时间进一步缩短，决策过程越来越简化，逐渐趋同于生活用品的购买。其中，以亲子游、爸妈游为代表的家庭旅游成为旅游消费市场主力。中国旅游研究院居民出游意愿调查显示，家庭旅游占比达60%，其次为好友组织的出行，占比在20%左右。根据途牛旅游网数据监测，2016年最受欢迎的亲子游线路集中在主题公园、嘉年华、房车营地等旅游产品。桂林、三亚、丽江是最受欢迎的爸妈游线路。

2. 自由行成为主要出行方式，自驾游、乡村游持续升温，带动全域旅游示范工作顺利开展

国内自驾游、乡村游等旅游形式成为出游常态，自驾成为旅游出行的主要交通形式。中国旅游研究院与中国电信联合进行的乡村旅游调研显示，近7成的游客选择自驾的方式到乡村旅游。途牛旅游网监测数据显示，2016年1—11月，排名前五的国内自驾游线路中，4条线路以主题公园为主要出游目的地。

乡村旅游是长假旅游消费的重要选项。经中国旅游研究院与中国电信联合测算，2016年国庆期间全国乡村游游客人数达1.29亿人次，在5.93亿总旅游接待人次中占比21.7%，成为长假出行的主要消费选择。国庆期间乡村游中，跨省市出行比重达53.75%，过夜人次占比58.19%。受访的游客中有46.42%表示每月到乡村旅游一次。重庆、北京、广州、成都是乡村游的主要客源地（见图2-9）。

图2-9 国内乡村游十大客源地

数据来源：中国旅游研究院和中国电信联合实验室。

3. 旅游消费市场在增量不断扩大的同时，旅游消费需求进一步提档升级，以邮轮、海岛游等为代表的度假旅游消费增幅巨大

中国旅游研究院的游客调查显示，2016年以度假休闲为旅游动机的游客比例已超过七成。邮轮、海岛游，避暑旅游，冰雪旅游等度假旅游消费增势显著。首先，邮轮旅游市场消费潜力巨大。途牛发布的《中国在线邮轮市场专题研究报告2016》显示，邮轮游客源地范围正逐渐向内地延伸，武汉、西安、成都、

重庆等中西部地区将成为未来最具成长潜力的邮轮客源市场。其次，品质团、定制游成为旅游消费升级新标志。历年《旅游抽样调查统计》显示，我国城乡居民国内旅游人均消费水平逐年增加，2016年人均旅游消费为880元。随着消费能力的提升，越来越多的游客追求品质团、定制游等高品质旅游产品。途牛旅游网经营的以品质团为特色的牛人专线业务，2016年收客量同比增长77%，其定制旅游业务同样增长显著，2016年7—9月和10—11月途牛定制游收客量分别同比增长67%、66%。

（二）国内旅游需求结构

1. 近郊游依然是旅游主要空间范围

近郊游出行方便，成本低，与此同时，城乡互动也使得农村居民开展更多的乡村旅游项目；政府公共设施建设以及旅游导引也促进了近郊游的发展。"多方合力使得近郊游较快地发展，也让其成为中国老百姓平时旅游的最主要的一种方式之一。"距离是影响出行的较重要因素，近郊游已成旅游大趋势。虽然目前交通越来越便捷，但地缘对现代旅游的影响仍然较大。图2-10显示了城镇不同年龄阶段出游半径旅游人次对比，无论是哪个年龄阶段都更倾向于本地游，但25~34岁的年轻人是各个年龄阶段中异地游所占比重最大的，为34.2%；本地游的比重最小，为65.8%。这是由年轻人的特点决定的，他们对异地游的意愿要强于其他年龄阶段。而65岁及以上则更好相反，他们的本地游意愿横向比较是最强烈的，占到了79.9%，异地游的意愿最小，占到了20.1%。

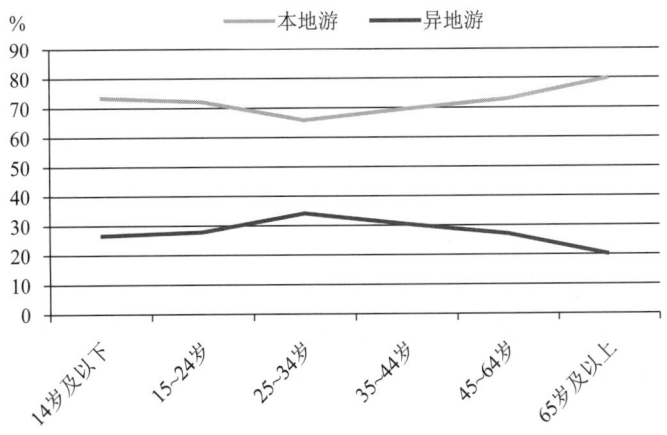

图2-10 城镇不同年龄阶段出游半径旅游人次对比

图 2-11 描述了农村居民不同年龄阶段出游半径旅游人次构成，同城镇居民一样，各个年龄阶段都更倾向于本地游，25~34 岁的年轻人的本地游和异地游的差异要小于其他年龄阶段，其本地游意愿占到了 72.8%，异地游的意愿占到了 27.2%；65 岁及以上的本地游占到了 82.6%，异地游只占 17.4%。

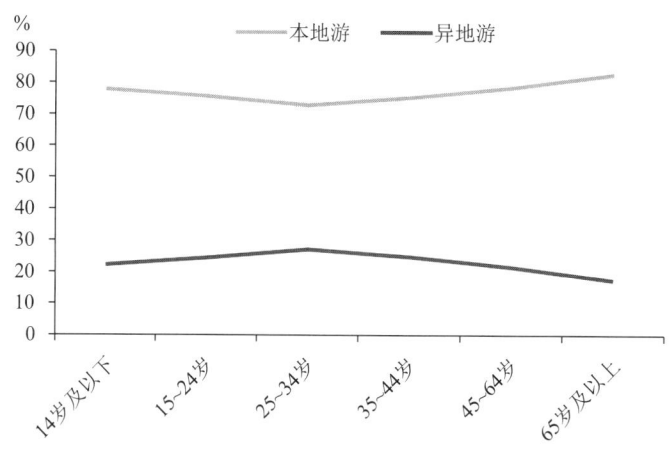

图 2-11　农村居民不同年龄阶段出游半径旅游人次构成

2. 亲友陪同旅游在旅游市场中所占的比重越来越大

随着中国经济的发展和旅游市场的成熟，以及二胎政策的放开，旅客已经厌倦了传统的旅游方式，越来越希望和自己的家人能共同出行度假休闲，节假日和法定假期的增多也让旅客能够有更多的时间和家人一起游玩。2016 年 TripBarometer 全球旅游经济报告显示，61% 的中国受访者表示将在新的一年里增加旅行预算，回馈自己和家人。这反映了中国亲子游、家庭游需求在 2016 年将继续扩大。

同时，受亲子真人秀节目带动，亲子游产品可谓是雨后春笋，品质良莠不齐的产品大量涌现。继国家出炉"二孩"及周末 2.5 的休假政策，未来几年"2+2"的亲子游配置将逐渐增多，并聚焦于长短途，亲子游市场越发火热。

在携程旅游网站上目前能够搜索出 4000 多条带有亲子标签的产品，目的地覆盖国内张家界、云南、三亚、北京、呼和浩特，海外新加坡、美国、巴厘岛、泰国、日本、韩国、澳大利亚等上百个国家和地区。最受欢迎的目的地包括三亚、昆明、丽江，以及中国香港、新加坡、普吉岛等。除了亲子团队游，更有亲子主题游、游学、定制旅游等多种形式可以选择，满足不同层次的亲子游需求。

携程旅游根据2016年1—5月携程亲子跟团游平均数据计算得出，亲子游花费接近5000元，约比一般成人出游多花1000元。同时，同程旅游发布的《2016中国亲子游市场认知度及消费行为调查报告》显示，在亲子游消费倾向的调查中，受访者选择"带孩子到国内各地游玩"的比例达到了60.33%，其次是参加户外亲子拓展活动，不同年龄和收入的受访者对这一问题的回答基本一致。消费倾向调查结果表明，带孩子看世界是多数父母的心愿。

3. 自驾游成为当前旅游的最重要交通方式

国家旅游局2016年2月发布的数据显示：2015年自驾游所占比重继续攀升，游客通过旅行社进入景区的比例已经由2010年的60%~70%下降至2015年的20%~30%。以自驾为主的自由行已成为游客到达景区的主要方式，占景区接待游客总人数的75%。自驾游蓬勃发展，自助游领军品牌驴妈妈根据其平台上超7000万用户的行为数据，以及国家旅游局、中国社科院旅游研究中心等最新数据，发布了《2016年自驾游十大趋势报告》。

从我国自驾游的年龄结构来看（见图2-12），2016年，我国国内自驾车出游的游客随年龄的增长呈现倒"U"形结构。即30~39岁是自驾游最主要的年龄段，占到了56%的比重，说明"80后"是自驾游主力军，我国国内旅游的自驾人群在年轻化。其次是20~29岁的国内游客，所占比重为22%，在40~49岁的游客群中，所占比重为14%，而50岁以上及19岁以下的自驾车旅游游客所占比重均为4%。

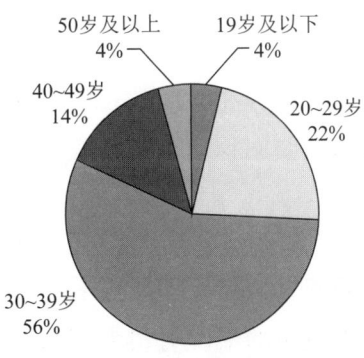

图2-12 自驾游年龄分布图

从我国国内旅游自驾车的出游方式来看（见图2-13），游客自驾出行更倾向于自助和车友会、俱乐部，跟旅行社出游的比重很小。其中，自助自驾游的比重最大,占到了44%,其次是车友会、俱乐部,占到了41%。旅行社组织所占比例仅为13%。

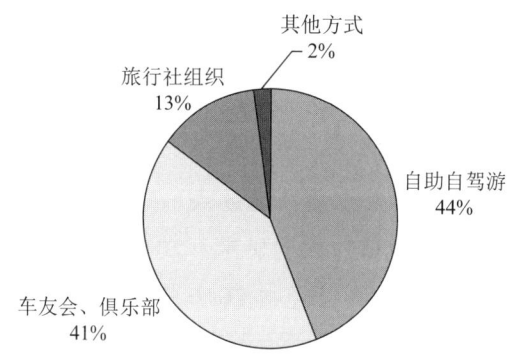

图2-13 自驾出行方式结构图

可以看出,当前亲子自驾、应季主题自驾已经逐渐进入黄金时代,房车自驾、定制自驾正在逐渐成为新风尚。"十三五"期间,随着自驾露营地等设施的完善、私家车保有量的不断提升,自助自驾游比例将继续提升,自驾车旅游市场会更加火爆。

4. 居民长线出游比例不断增加

由于2.5个周末等政策的出台,我国居民出游时间越来越长。艾瑞咨询发表的《2016年中国在线旅游度假用户研究报告》指出,周边游用户出游时长在3天以内,其中出游2天的用户占52.2%;国内游用户出游时长集中在3~5天,占比达67.3%;出境游用户出游时长集中在6~10天,占比达40.8%。通过交叉分析发现,在线旅游度假用户偏好在时间较长的假期进行更长时间的出游。在线旅游度假用户会根据假期的时间长短安排行程,当出游行程较长时用户会选择年假和其他假期拼假出游。

节假日中,途牛旅游网监测数据显示,2016年元旦假期,只有四成游客选择3天及以下行程,60%的游客选择4天及以上行程,"拼假"模式继续流行。这与往年元旦假期周边游唱主角的情况有很大不同。在选择3天及以下行程的短途周边游的客户中,选择一日游的客户占比达到55%,略低于2015年60%的占比,越来越多的游客更讲究旅途的舒适,不介意在目的地住宿一晚。

5. 跟团游比例不断下降

互联网进入千家万户后,解决了旅游市场中信息不对称的问题,尤其是随着在线旅游业态逐渐走向成熟、交通条件改善和旅游公共服务水平提升,国内旅游者依赖旅行社出游的人数大大缩水,散客旅游者比重超过96%。2010年以来的旅游抽样调查资料数据表明,我国国内旅游人数持续大幅增长,其中旅行社组织的旅游人数增幅缩窄甚至出现负增长,旅行社组织国内游客占比不断下滑(见图2-14)。由此可以看出,一方面,我国旅游消费者倾向于自由行或者自驾游,而不是跟团;另一方面,也反映出我国旅行社现存的一些问题,如频发的"零团费""强制购物"等,从侧面也反映出我国急需整顿旅游市场,还旅游行业一片净土。

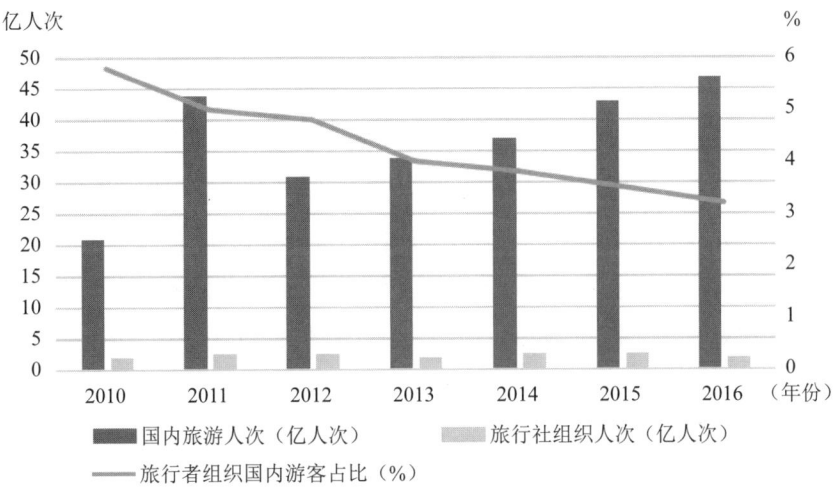

图2-14 国内旅游人均消费情况

数据来源:历年《旅游抽样调查资料》。

(三)区域旅游消费水平差异

1.2016年四大区域旅游总收入水平差异

图2-15反映了2016年我国四大区域旅游总收入的差异情况。2016年,各区域旅游总收入存在明显差异,其中东部地区旅游总收入为59 179.06亿元,占全国旅游总收入的44.93%。中部地区和西部地区旅游总收入差距不大,分别为29 514.28亿元和34 295.83亿元,占全国的22.4%和26.04%。旅游总收入最少的区域为东北地区,为8725.64亿元,仅占全国旅游总收入的6.62%,与2015年相比有所下降。由上述数据可以看出,人们还是倾向于去东部地区旅游,东部地区主要依仗其发达的经济和广阔的旅游消费市场。另外,交通便利,交通

通达性好，且旅游资源丰富，地区接待能力强。而且东部地区地势较平缓，形成了较多的山水风貌景观，对旅游者有较强的吸引力。

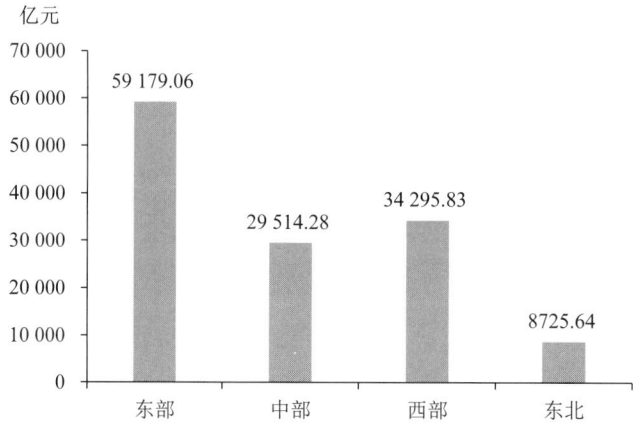

图 2-15　2016 年四大区域旅游总收入

图 2-16 显示了 2016 年四大区域旅游收入的年平均增长率，旅游总收入最高的东部地区年平均增长率仅为 15%，西部地区旅游总收入增长率继续保持领先地位，中部次之，分别为 27.5% 和 22.41%，东北地区一改 2015 年国内旅游负增长的低谷状态，出现了 18.49% 的增长。总体上看，中西部地区旅游总收入增长率相对较高，并连续数年持续领先。另外，由于东北地区之前一直注重发展重工业，使其经济收入一直来源于第一产业，近年来，一是国家政策的支持，二是东北地区的旅游资源的开发，使其一改之前的负增长态势，改变了 2015 年国内旅游负增长的低谷状态。

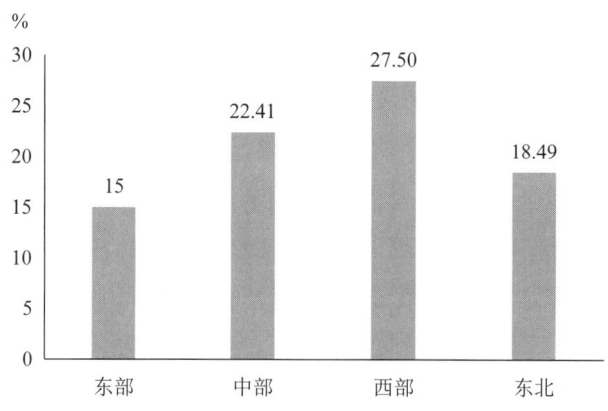

图 2-16　2016 年四大区域旅游总收入年平均增长率

2.2016年四大区域国内旅游接待人数差异

由图2-17可知，2016年我国四大区域接待国内游客人数之间差距较大，其中东部地区接待国内游客数最多，为43.07亿人次；东北地区接待游客数最少，为7.57亿人次；中、西部游客接待量差距不大，分别为31.47亿人次和33.24亿人次。从上述数据可以看出，我国东部地区的经济优势为其增强了接待能力，又加上其交通便利，交通通达性好，且旅游资源丰富，所以东部地区的接待游客数量最多。另外，东北地区因为季节性强、旅游设施不完善、5A级景区较少，五星级酒店相对较少，再加上地理因素等原因，导致国内接待人数最少。而西部地区虽然也存在上述因素，但是人们更倾向于心灵鸡汤之旅，像青海湖、西藏纳木错、林芝、甘肃敦煌莫高窟、新疆阿勒泰以及四川稻城亚丁等地可净化人的心灵，所以西部地区国内旅游接待人数仅次于东部地区。

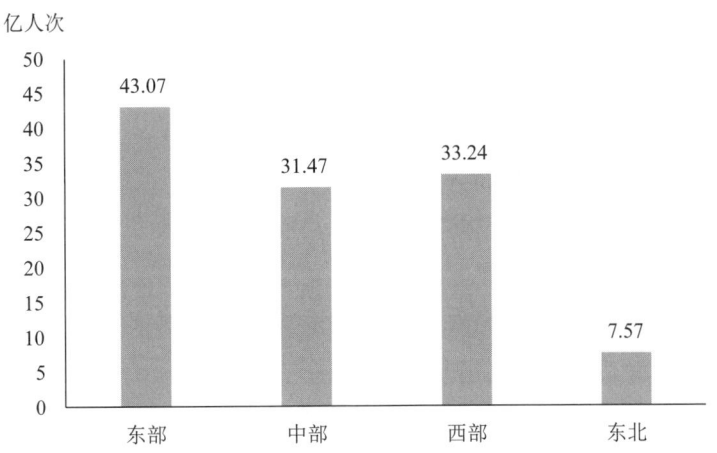

图2-17 2016年四大区域国内旅游接待人数

3.2016年四大区域国内旅游人均消费水平差异

2016年四大区域国内旅游人均消费仍存在较大差异。其中，东部地区的国内旅游人均消费最高，达到1378.18元。其次是东北和西部地区，国内旅游人均消费分别为1247.82元和1177.97元，而国内旅游人均消费最少的是中部地区，仅为932.86元（见图2-18）。由上述数据可以看出，东部地区因具有经济发达的优势，国内旅游人均消费水平最高，东北地区次之，中部地区经济欠发达，且旅游业不发达，所以国内旅游人均消费最低；而西部地区近年来旅游市场发展得如火如荼，国家以及当地都比较重视旅游业的发展，所以其旅游人均消费水平高于中部地区。

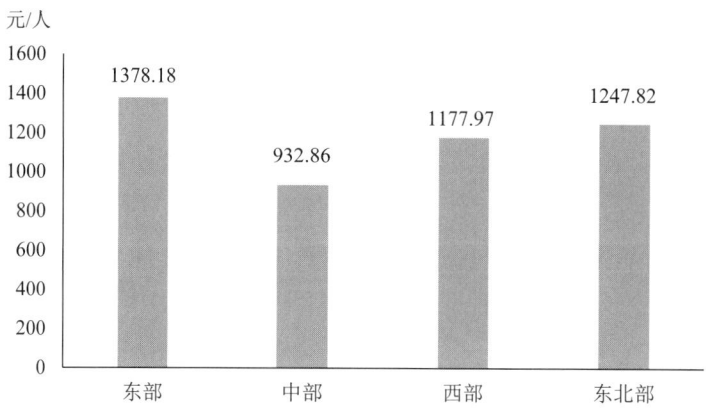

图 2-18 四大区域国内旅游人均消费

四、国内旅游市场行为特征

（一）城镇居民旅游市场行为特征

1. 休闲度假游是城镇居民首选

我国国内城镇居民的旅游动机依然以度假/休闲/娱乐为主（见图 2-19），占 48.3%，其次是探亲访友，占 27.2%，再次是观光游览，占 13.9%，商务出差、健康疗养以及其他旅游目的地的游客比例均低于 10%，分别为 8.1%、1.4%、1.1%。可以看出，我国城镇居民已经走过纯观光游阶段，完全进入休闲度假旅游阶段，这与我国社会经济发展具有较为密切的联系。

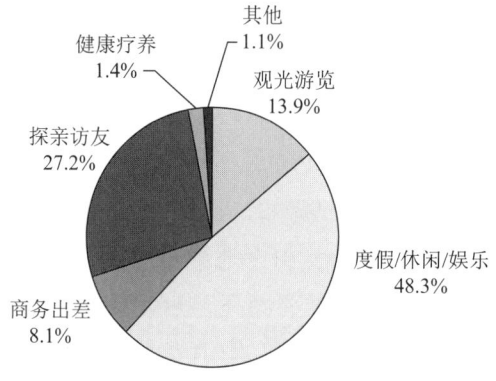

图 2-19 城镇居民国内游客旅游人次按旅游目的分类

按旅游方式分，图 2-20 显示，城镇居民游客中旅行社组织的团队游客占 4%，散客占 96%。这说明城镇居民倾向于自由行，而不是跟团游。这与居民的消费意识和消费方式发生改变有关，同时，与国内旅游交通系统越来越发达有关。

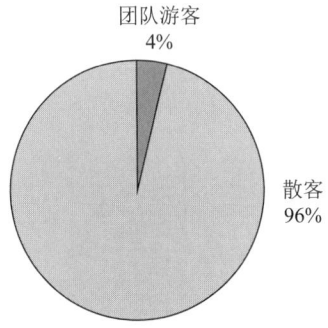

图 2-20　城镇居民国内游客旅游人次按旅游方式分类

2. 城镇居民旅游消费水平较高，且消费结构相对均衡

我国城镇居民 2016 年人均花费约 1130.7 元，按旅游目的分，商务出差的游客人均花费最高，达 2447.7 元；观光游览人均花费 1209.9 元，探亲访友人均花费 933.2 元，度假/休闲/娱乐人均花费 879.2 元，健康疗养人均花费 669.8 元，其他旅游目的人均花费 644.5 元。度假/休闲/娱乐是城镇居民最倾向的出游目的，但其花费并不是最多的，反而是商务出差的人均花费最多，这说明我国城镇居民出游意愿与实际花费不匹配，这与我国的国情有关。我国经济水平逐年提升，但居民的整体消费能力仍然不高。

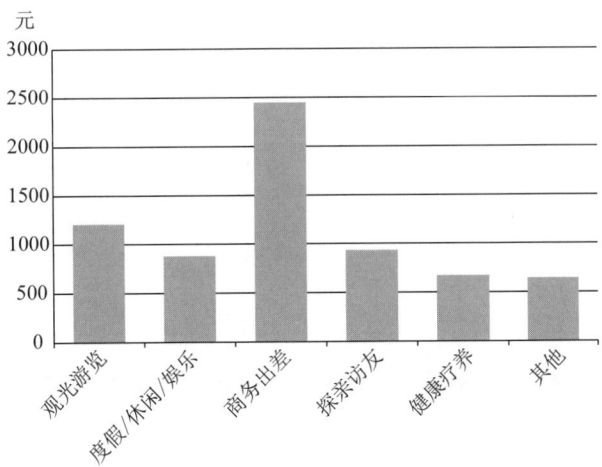

图 2-21　城镇游客出游人均花费（按旅游目的分）

按旅游方式分,旅行社组织的游客人均花费2048.6元,非旅行社人均花费1020.7元。旅行社组织的游客花费是非旅行社组织的游客花费的两倍。其原因主要是通过旅行社出游的游客大多数属于中远距离出行的观光旅游,这部分旅游者由于涉及住宿、长途交通等,所以拉高了旅行社出游花费,而非旅行社组织的游客绝大多数属于近距离出游,出游时间以一日游为主,故降低了总体非旅行社出游的花费水平。

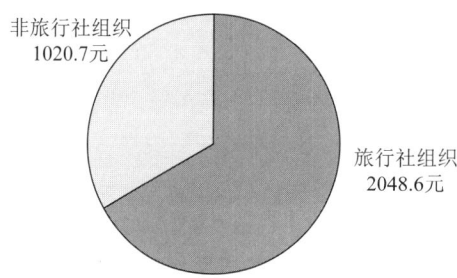

图2-22 城镇居民游客每次出游人均花费(按旅游方式分)

图2-23显示了城镇居民散客的花费构成情况,其中,交通费占比最高,为30.9%,住宿费占15.8%,餐饮费占26%,购物费占18.9%,景区游览费占5.6%,其他费用占2.8%。这几项花费中交通和餐饮占据了总体花费的一半以上,其中餐饮费超过住宿费说明居民更愿意在吃上花费更多的资金,对住宿要求不高。

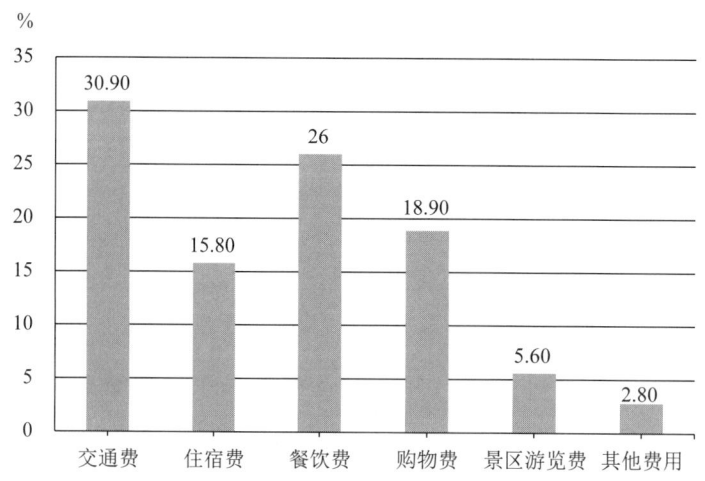

图2-23 城镇居民散客出游花费构成

3. 青少年游客更偏向度假/休闲/娱乐，中老年游客更偏向探亲访友及观光游览

图 2-24 描述的是不同年龄段城镇居民出于不同旅游目的出游人次的对比，各个年龄段出游目的大致相同，较为集中，都更倾向于度假/休闲/娱乐，其次是探亲访友，出于健康疗养和商务出差目的的旅游人数最少。具体来看，在度假/休闲/娱乐方面，14 岁及以下游客所占比重最大，为 55.7%，其次是 15~24 岁阶段的游客，所占比例为 52.6%，再次是 65 岁以上的游客，所占比重为 50.2%，25~34 岁以及 45~64 岁的游客所占比重相最小，分别为 45.6% 和 45.9%。

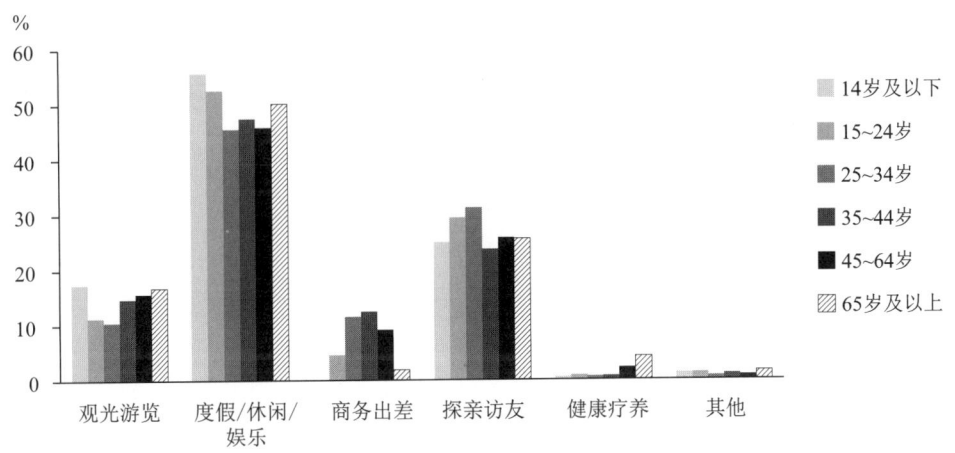

图 2-24 不同年龄段、不同旅游动机的城镇游客构成

（二）农村居民旅游市场行为特征

1. 休闲度假游和探亲访友游是农村居民出游最喜欢的两种方式

从农村居民出游动机来看，度假/休闲/娱乐所占比例最高，占到 36.4%，其次是探亲访友，占到 31.8%。其余几个目的的旅游人数所占比重都很低，其中，观光游览占 6.4%，商务出差占 12.9%，健康疗养占 4.5%，其他旅游目的占 8%。

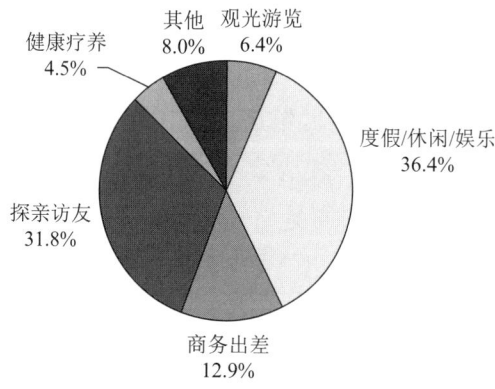

图 2-25　不同出游动机的农村游客构成

在农村居民出游人次中,旅行社组织的团队游客占 2.7%,散客占 97.3%。散客占据绝大部分,说明了农村居民也倾向于自由行,不太愿意跟团游。

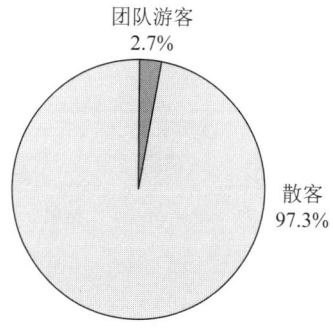

图 2-26　不同出游方式的农村游客构成

2. 农村游客每次出游人均花费情况

2015 年农村居民人均消费水平约为 691 元。按旅游目的分,观光游览的游客人均花费最高,达 1101.6 元;商务出差人均花费 970.2 元,度假/休闲/娱乐人均花费 730.0 元,探亲访友人均花费 517.1 元,健康疗养人均花费 413.3 元,其他旅游目的人均花费 586.5 元。观光游览的旅游人数虽然只占整体人数的 6.4%,但人均花费却是最高的。

第二章 国内旅游市场特征
Chapter 2 Characteristics of China Domestic Tourism Market

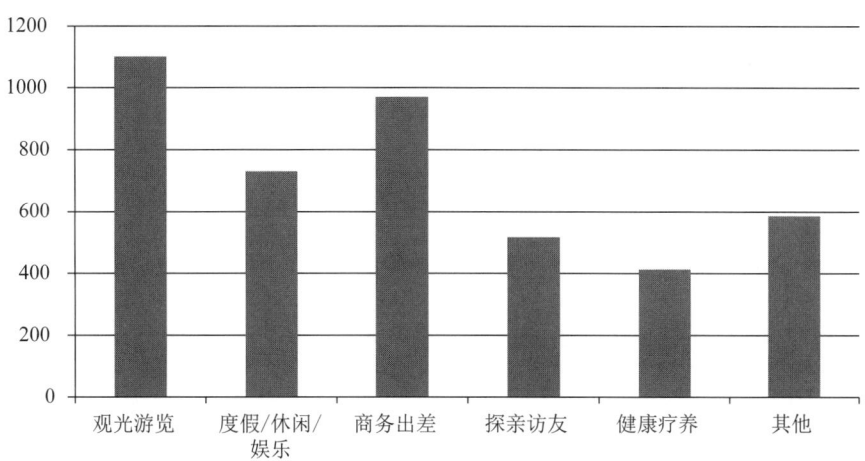

图 2-27 不同动机的农村游客出游花费

从出游方式来看，农村游客中旅行社组织的游客人均花费 1511.3 元，非旅行社人均花费 668.6 元。旅行社组织的游客花费是非旅行社组织的游客花费的两倍多。

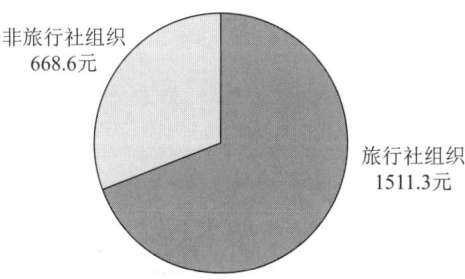

图 2-28 不同出游方式的农村游客出游花费

图 2-29 显示了农村居民散客出游的花费构成情况是：交通费占比最高，为 29.5%，住宿费占 11.2%，餐饮费占 26.8%，购物费占 24.4%，景区游览费占 4.8%，其他费用占 3.3%。

35

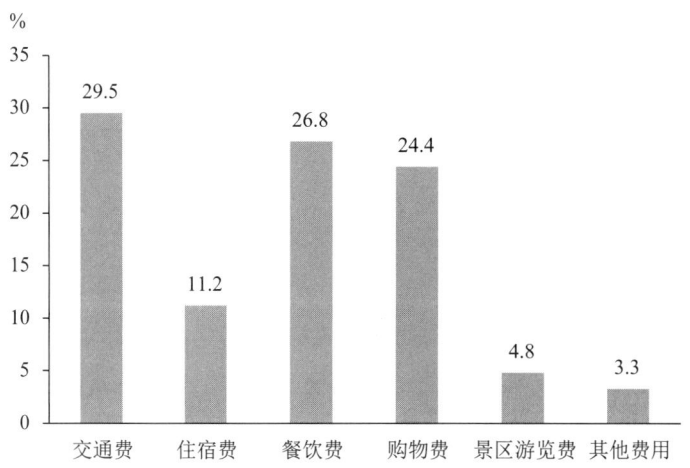

图 2-29　农村游客旅游消费结构

3. 不同年龄阶段农村居民出游的差异

图 2-30 描述的是 2015 年不同年龄阶段农村居民出于不同旅游目的出游人次的对比，各个年龄段出游目的也集中于度假/休闲/娱乐和探亲访友，但趋势没有城镇居民集中。

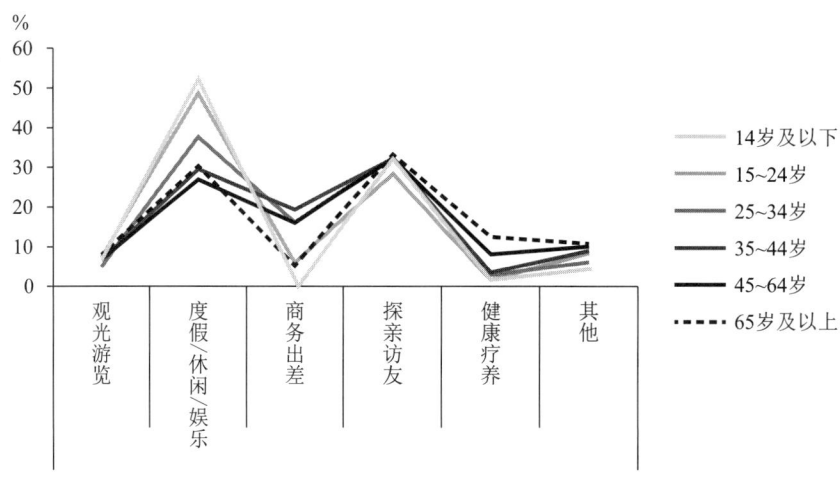

图 2-30　农村居民不同年龄段不同旅游目的的旅游人次构成

将城镇居民和农村居民出游的行为特征进行对比后发现，在出游目的上，无论是城镇居民还是农村居民，度假/休闲/娱乐游是他们的首选，其次是探亲访友。将二者进行对比后，城镇居民出于度假/休闲/娱乐的目的的比重要高于农村居民。城镇居民的出游目的所占比重差异更大，农村居民对不同出游目的的喜好较均匀。从出游方式上看，城镇居民和农村居民都更倾向于以散客的方式进行，跟团游的人数很少。将二者进行对比，农村散客在总体中所占的比重要高于城镇散客，但差异很小。

从人均花费上来看，城镇居民和农村居民都在交通费和餐饮费上花费较多，值得一提的是，农村居民的购物费在所有花费中的比重要高于城镇居民的购物费所占比重，说明二者的消费意识仍存在差异。在出游目的上，城镇居民和农村最大的区别在人均花费最高方面，农村居民是观光游览的游客人均花费最高，而城镇居民是商务出差的人均花费最高；相同点是度假/休闲/娱乐游是二者最喜欢的出游目的，但花费都不是最高的。在出游方式上，无论是城镇居民还是农村居民，都是跟团游花费要高于散客花费，且是散客花费的两倍多。

从不同年龄段来对比城乡旅游市场行为特征，每个年龄段对旅游目的的偏好是相同的，都偏好度假/休闲/娱乐和探亲访友，但农村居民的趋势走向没有城镇居民集中。无论是城镇居民还是农村居民，都倾向于本地游，异地游的比重较低。

（三）旅游者旅游行为的区域差异

1. 国内旅游偏好更注重休闲享受

本报告将分析在旅游过程中，旅游六大要素"吃、住、行、游、购、娱"在区域间的差异。

旅游餐饮偏好：东部居民在出游时通常不只追求旅游目的地独特的风味小吃或地方美食，而且将注意力集中在营养、饮食文化欣赏、满足新奇感上。中部地区居民对饮食则不是十分讲究，以干净卫生为前提，以"方便省事"为原则。同时，也不排除在旅游目的地旅游者仍然选择自己偏好的美食。这是由客源地的地理区域、历史传统等决定的。比如北部食客偏爱酱香，西、南部食客偏爱卤味。重庆人不喜酸甜，东北人相比酸鲜更爱酸甜，广东人偏爱香甜。

旅游住宿偏好：东部地区居民由于收入水平较高，通常追求高星级的精品主题，不仅在意住宿条件，更在意文化氛围。中部和西部地区居民则一般选择干净卫生舒适的连锁酒店，以节约旅行费用为主。

旅游交通偏好：旅游交通偏好是由旅游目的地的交通条件决定的，当前东部地区居民更加注重自驾车出游，尤其是房车旅游初见端倪。而中部地区自驾车旅游也占据着重要的位置。相比来说，西部地区可进入性较差，旅游者一般选择航空、高铁等交通方式。东部地区地势平坦，交通体系完善，航空、高铁、公路等都是人们可选择的方式，选择方式较为多样化。

旅游出游偏好：从时间尺度上讲，居民出游都集中在节假日期间，时间较短。从旅游目的地角度来说，西部地区通常是旅游者出于观光游览、民俗风情目的的选择，东部地区成为都市旅游、休闲度假的首选地，中部地区则是体验当地风俗、体验文化的好去处。

旅游购物偏好：我国居民旅行的购买偏好在区域间的差异较小。旅游纪念品排在旅游者购买商品榜单第一。旅游购物偏好差异主要是由人口结构造成的。不同年龄段的旅游者购买的旅游商品存在较大的差异。

旅游娱乐偏好：旅游者的娱乐偏好在区域上同样差异很小，同购物偏好一样，这种偏好主要是由人口结构造成的。年轻人在娱乐体验上追求惊险刺激，追求新奇感，而老年人则偏向于听戏曲，看皮影等文化体验活动。并且，性别差异也造成了这种娱乐偏好的不一样。通常来说，女性趋向于保守的娱乐活动，男性则追求冒险的娱乐活动。

2. 出游后的满意度

随着大众旅游时代的到来，旅游景区、旅游企业之间的竞争也愈发激烈，顾客满意度是影响企业生存与发展的重要保障。现代旅游景区的经营策略也应当转移到以提高游客满意度为重点的方向上来。游客满意度是衡量城市旅游发展的重要指标之一，掌握和控制游客满意度的影响因素对城市旅游发展和管理越来越关键（见图2-31）。

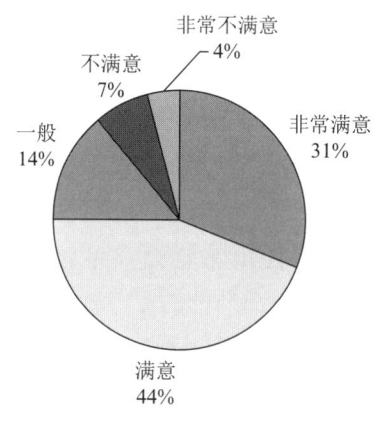

图2-31 国内游客满意度

由中国旅游研究院调查的数据（见图2-32）可得，东部地区的旅游满意度达7.88，中部地区的旅游满意度达7.7，西部地区的旅游满意度达7.57。区域间的差别不大，但省际的差别较大。江苏的满意度最高，为8.33。云南的满意度最低，为7。

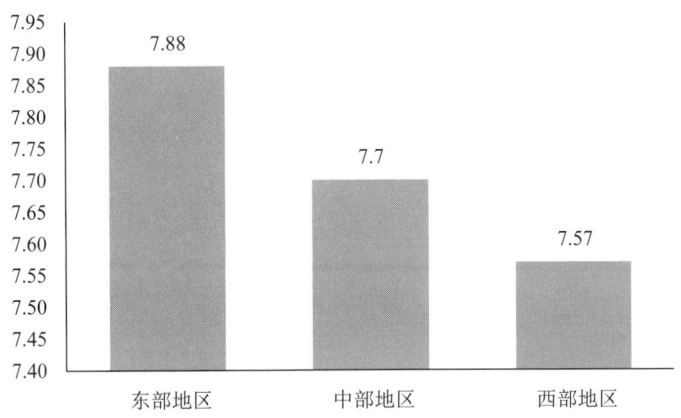

图2-32 区域间游客满意度差异

（四）旅游者旅游行为的新趋势

1.旅行分享意愿增加，社交分享成主流

蚂蜂窝大数据显示，2016年1—10月，用户撰写的游记数量比2015年增长28%。越来越多的旅游爱好者选择撰写游记来将旅行中的记忆珍藏，与他人共享。而在性别差异方面，男女用户撰写游记的占比仅相差4%，女性用户稍多。

据艾瑞咨询的《2016年中国在线旅游》，81.5%的在线景区旅游用户出游后经常分享游览经历，其中84.8%的用户通过社交工具分享，移动和即时端口更受用户青睐。图2-33显示的是旅游者在线分享旅行经验的主要途径，其中社交工具所占比重最大，占到了84.4%，其次是微博，占到了38.1%。说明在线旅游用户更倾向于在社交工具上分享自己的旅行经验，社交工具具有即时性的特点，让旅游者的旅行心得能够及时传递出去，获得更多的旅行满足感。

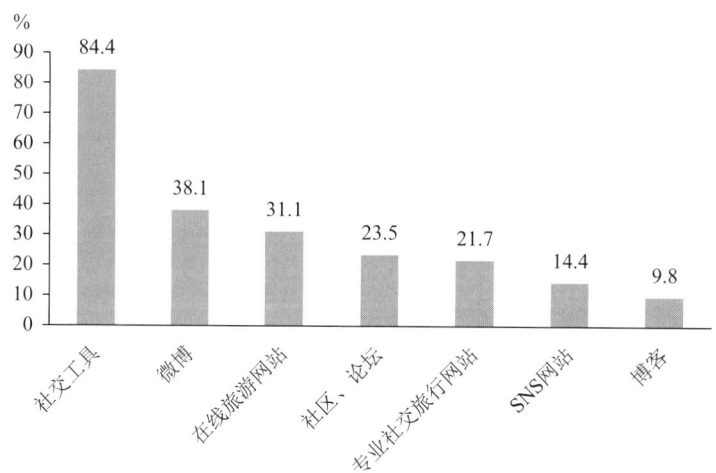

图 2-33 2016 年在线旅游用户分享经验的途径

2.APP 预订成为出行潮流，旅途离不开智能手机

全球最大旅游平台 TripAdvisor（中文名是猫途鹰）公布了"2016 年 TripBarometer 全球旅游经济报告"，该报告显示，全球范围内有 65% 的受访者通过各类在线网站完成了上一次旅行的住宿预订。中国受访者使用移动客户端（APP）预订旅行的比例位居世界第一，达 50%，超越全球平均水平 6 个百分点。此外，超过 75% 的全球受访者表示出游时必带智能手机，这一比例甚至超过手纸、化妆品等个人护理用品（69%）。中国游客在旅途中对于手机的依赖程度最高，有 87% 的中国受访者表示他们出游必带手机。

中国互联网络信息中心在京发布第 39 次《中国互联网络发展状况统计报告》，报告对个人互联网旅行预订应用使用情况进行了分析。

截至 2016 年 12 月，网上预订机票、酒店、火车票或旅游度假产品的网民规模达到 2.99 亿人，较 2015 年底增长 3967 万人，增长率为 15.3%。网民使用网络预订火车票、机票、酒店和旅游度假产品的比例分别为 34.0%、15.9%、17.2% 和 7.4%。其中，手机预订机票、酒店、火车票和旅游度假产品的网民规模达到 2.62 亿，较 2015 年底增长 5189 万人，增长率为 24.7%。我国网民使用手机在线旅行预订的比例由 33.9% 提升至 37.7%。

3.在线支付手段多样化，支付宝支付是主流

2016 年旅游消费需求保持攀升趋势，加之移动互联网发展呈强劲态势，多元化旅游需求量增长幅度较大，旅游需求预订从 PC 端向移动端迁移。高速发展

的电子商务应用对网上支付的需求进一步增强,促进网上支付用户规模的增长;各网上支付厂商在线下消费场景积极布局,不断拓展和丰富线下消费支付场景,并推出诸多补贴政策,吸引着非网上支付用户去尝试;网上支付厂商加大营销投入力度,持续扩大网上支付产品的影响力,进一步打通社交关系链条,带动非网上支付用户的转化,如支付宝的春晚"集福"、微信的"摇福金"等活动。这些发展趋势都促使在线支付成为旅行者出行的最佳支付手段,在线旅游市场规模会不断扩大。

艾瑞咨询的报告显示,线上购买景区门票的用户中,支付宝使用率(68%)居首位,随着旅游网站的金融产品增多,使用比例预计进一步增加。其次是网上银行,占16%,微信支付占11%(见图2-34)。

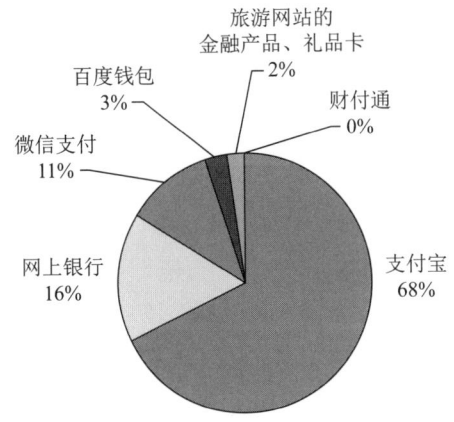

图 2-34　2016 年在线旅游用户网上支付途径

第三章
国内旅游产业发展特征

一、旅游目的地空间结构特征

（一）旅游景区指数

1. 目的地景区指数不断提升

为了研究国内旅游的产生和发生机制，本报告选择了各地区的 5A 和 4A 景区作为核心旅游吸引物进行研究。

从全国 5A 级景区的区域分布来看（见图 3-1），江苏省 5A 级旅游景区数量居全国第一，共有 23 家。进入 5A 级旅游景区前五名的其他省（区）为浙江、河南、新疆、四川。而上海、内蒙古、青海、天津和西藏的 5A 级景区规模相对最小。总体来看，在综合考虑区域面积、国内旅游市场规模后，地方旅游业发展与 5A 级景区数量具有很强的正相关性，国内旅游收入更是如此。

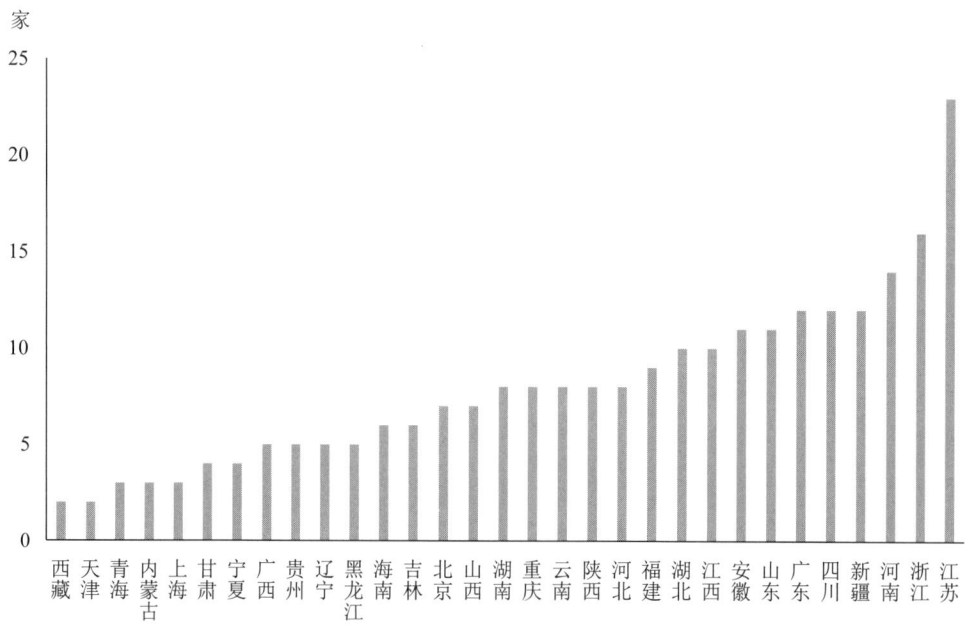

图 3-1　2016 年各省（区、市）5A 级旅游景区数量

第三章　国内旅游产业发展特征
Chapter 3　Characteristics of China Domestic Tourism Industry

从 2016 年 4A 级景区的区域分布来看（见图 3-2），全国 4A 级旅游景区最多的省份为浙江，有 175 家。进入 4A 级旅游景区排名前五位的其他省份为江苏、广东、安徽、广西。可以看出，新疆、宁夏、海南、天津和西藏的 4A 级景区规模相对最少。

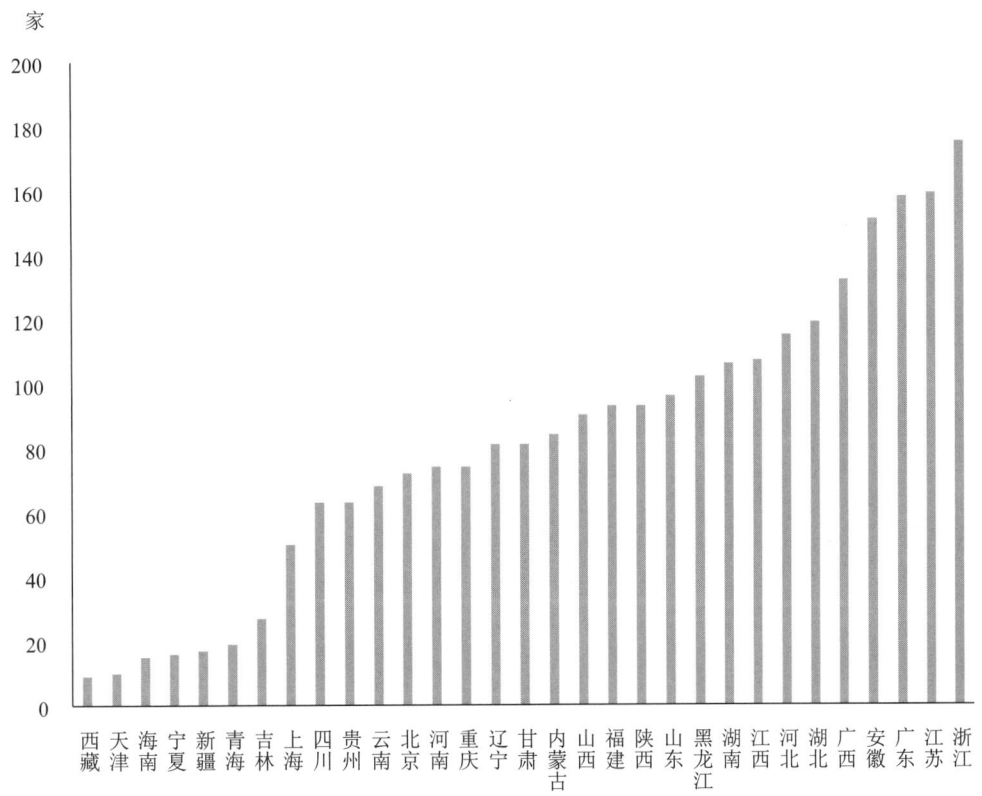

图 3-2　2016 年各省（区、市）4A 级旅游景区数量

进一步，将 5A 级景区和 4A 级景区数量进项标准化，构建各地区旅游景区指数。由图 3-3 可以看出，景区指数最高的五个省份分别为江苏、浙江、广东、安徽、湖北。景区指数最低的五个省（区、市）分别是西藏、天津、青海、宁夏、海南。

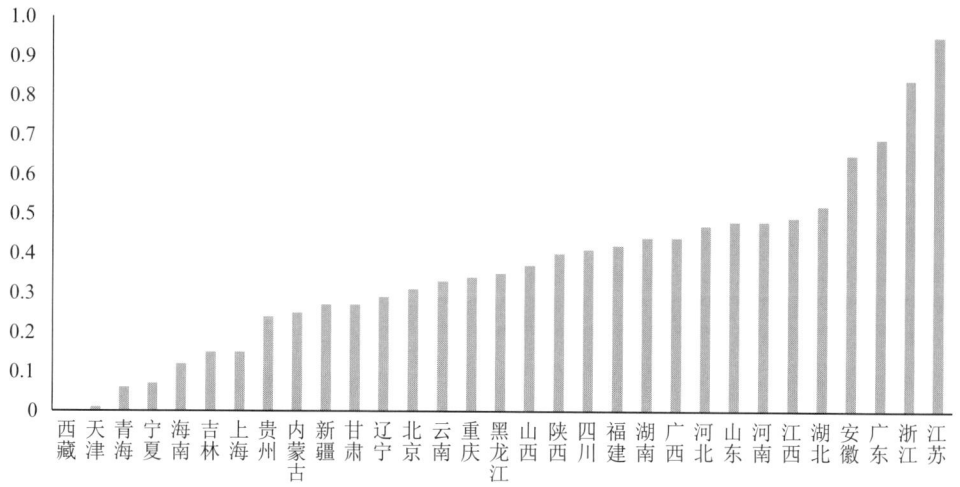

图 3-3　各省（区、市）景区指数排名

2. 国家全面复查，提升地方景区指数

2016年下半年，各地旅游部门启动了对全国4A级及以下景区的集中复核检查，掀起了一次严厉的景区整治行动。全国31个省（区、市）及新疆生产建设兵团均已完成对本地区4A级及以下景区的排查，取得显著成效。全国共有367家4A级及以下景区分别受到取消等级、降低等级、严重警告、警告、通报批评等处理。其中，共有255家4A级景区被处理，占全国4A级景区总量的9%；共有62家4A级景区被取消及降低了等级，占被处理4A级景区的24%。

从地域来看，东北地区治理整顿力度最大。继2016年10月吉林省率先取消了4家不合格4A级景区资质后，黑龙江和辽宁又有8家4A级景区被摘牌。其中，黑龙江取消了5家4A级景区资质，另有5家4A景区被降级、22家4A景区被警告；辽宁取消了3家4A级景区资质。辽宁、黑龙江、河南、江苏、吉林和四川等6省本次处理A级景区超过20家，另有福建、安徽、湖北、广东、湖南、内蒙古和海南等7省处理A级景区超过10家，显示了当地旅游管理部门景区整治的力度和决心。

国家旅游局通报指出，被处理景区存在的问题涉及管理、服务等多个方面，主要包括：安全管理不到位、厕所环境卫生条件不合格、市场秩序混乱、旅游基础及服务设施不足、标识导览系统短缺、资源保护措施不到位等。例如，铜仁市碧江区九龙洞景区因厕所整体布局不合理，数量不足，内部环境较差，安全隐患严重等原因，被贵州省旅游委取消4A级资质；厦门海沧大桥旅游区因景区多处场所已对外承包，变更为餐馆、SPA等项目，游客中心功能缺失，旅游区厕所及环境卫生脏、差等原因，也被取消4A级资质。

为了全面掌握A级景区管理和服务情况，多地旅游管理部门制定了详细的景区集中整治行动方案，景区自查，旅游景区质量等级评定机构组织检查，组织专家、媒体暗访检查等方式多管齐下。以贵州为例，主管省领导亲自安排并作具体指示，省旅游委成立专门工作小组，制定了详细的景区复核检查计划，采取省市分级、暗访和明察分类的方式，并委托第三方30多人组成专家组，分五批次对全省64家4A级以上旅游景区进行暗访，确保复核检查不留死角、不留盲区、不留隐患。此外，多地旅游监管部门更加注重通过各种媒体、采取多种方式，广泛宣传，营造氛围，总结经验，宣传好的做法。

目前，各地旅游管理部门已明确要求被处理景区限期整改，被严重警告、警告、通报批评的景区，整改完成并通过验收后，方可撤销对其的处理；被取消及降低等级的景区，整改完成后，必须按照有关程序重新申报创建相应等级的A级景区。

（二）旅游接待能力指数

2016年，广东、江苏、浙江分列旅游总收入前三位，山东、江苏、四川分列接待旅游人次前三位，云南、贵州、江西旅游总收入增幅最大，内蒙古、广东、吉林国内旅游人均消费最高。

1.各省（区、市）旅游总收入差距较大，呈现东多西少、南多北少的格局

旅游收入由旅游接待人数确定，是确定国内旅游目的地的重要指标，易受各地区旅游业创造价值的能力影响。本部分研究了2016年各省（区、市）旅游总收入在空间上的分布特征，以及与2015年相比的发展演变趋势。

从图3-4可以看出，2016年各省（区、市）旅游总收入存在较大差距，广东省以11 560亿元位居第一，连续四年国内旅游总收入位居全国首位。此外，江苏、浙江、山东、四川四省旅游总收入超过6000亿元。宁夏、青海、西藏、海南旅游总收入排名较落后，旅游收入不足1000亿元。其中宁夏旅游总收入为210亿元，占全国旅游总收入的0.16%，占广东省旅游总收入的1.82%。

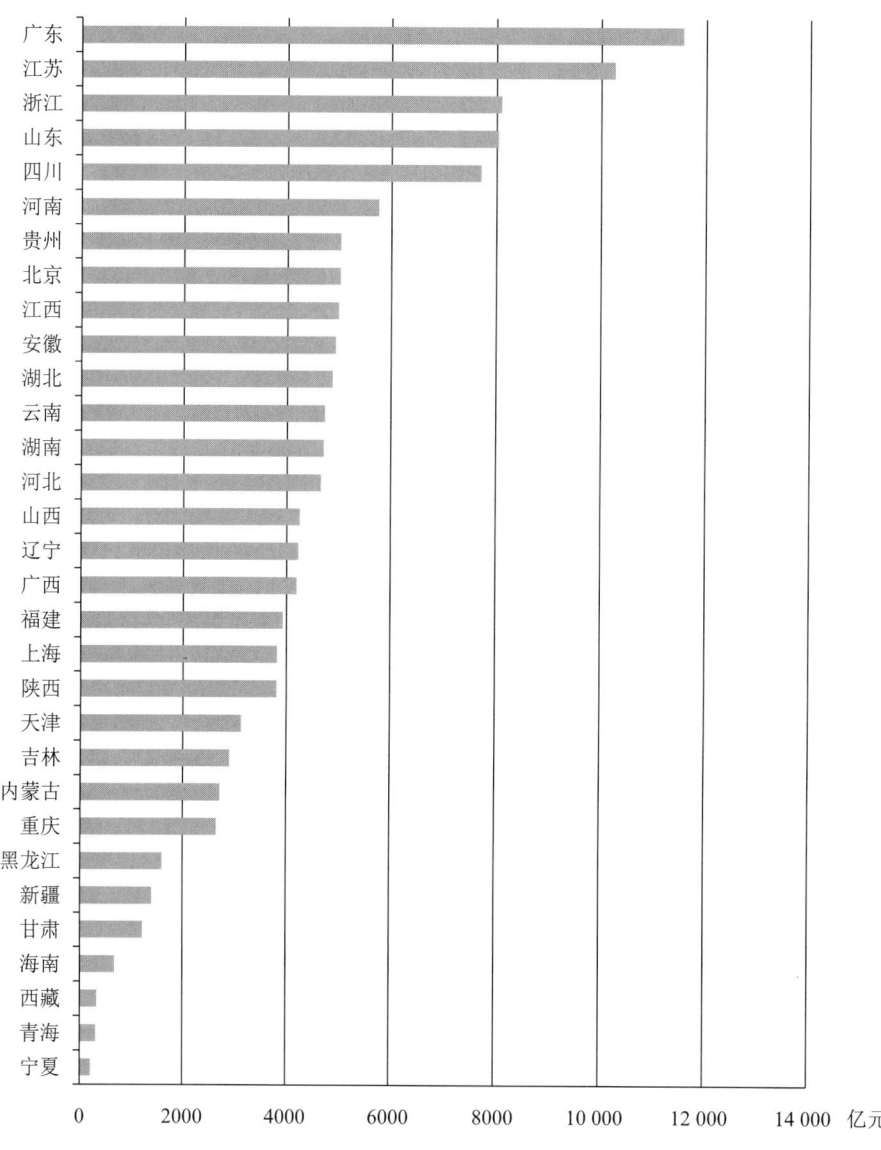

图 3-4　2016 年各省（区、市）国内旅游总收入

2016年各省份之间的旅游总收入的增长速度不均衡（见图3-5），旅游总收入增长率最高的是云南，年增长率为44.1%，贵州省仅居其后，增长率为43.1%，位居第三位的是江西省，增速为37.27%。总体来看，2016年各省份旅游总收入均有所增加，无负增长情况，其中云南和贵州呈现出井喷式增长态势。

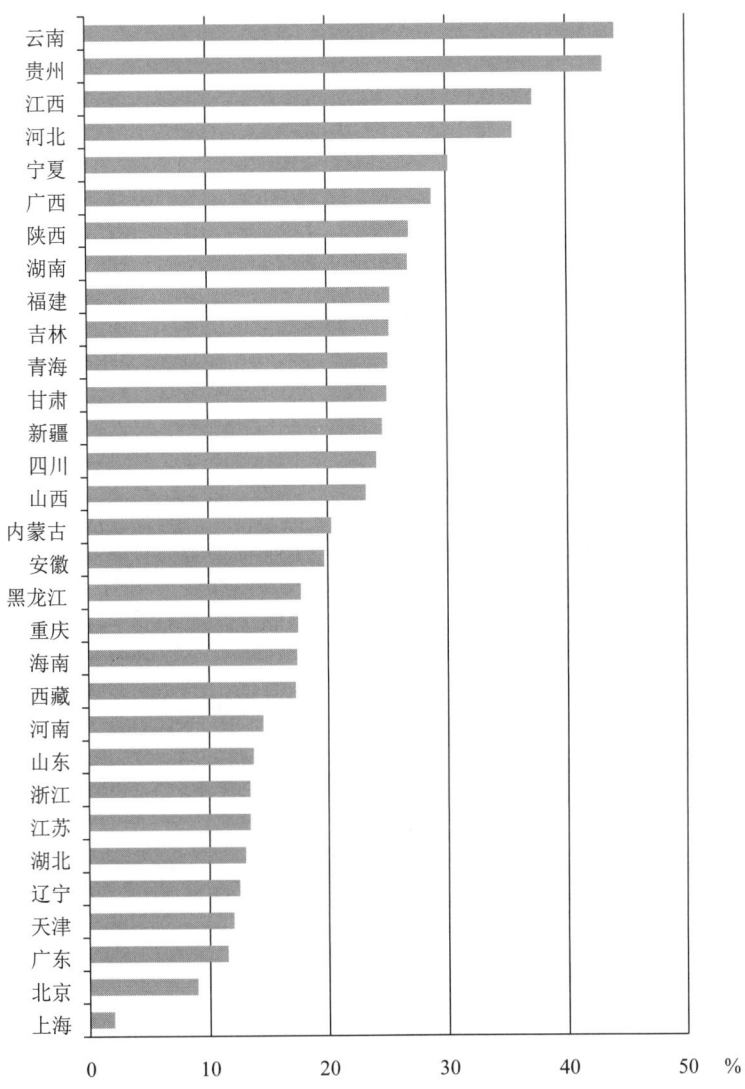

图3-5 2016年各省（区、市）国内旅游收入增长率

2. 各省（区、市）接待国内游客人数差距明显，呈现东多西少、南多北少的格局

由图3-6可以看出，2016年我国各省（区、市）国内接待游客人数差距较大，其中山东以7.1亿人次位居全国榜首，第二名和第三名分别是江苏和四川，接待国内游客人数分别为6.78亿和6.3亿人次。宁夏、西藏、青海接待游客数量最少，均不足3000万人次。

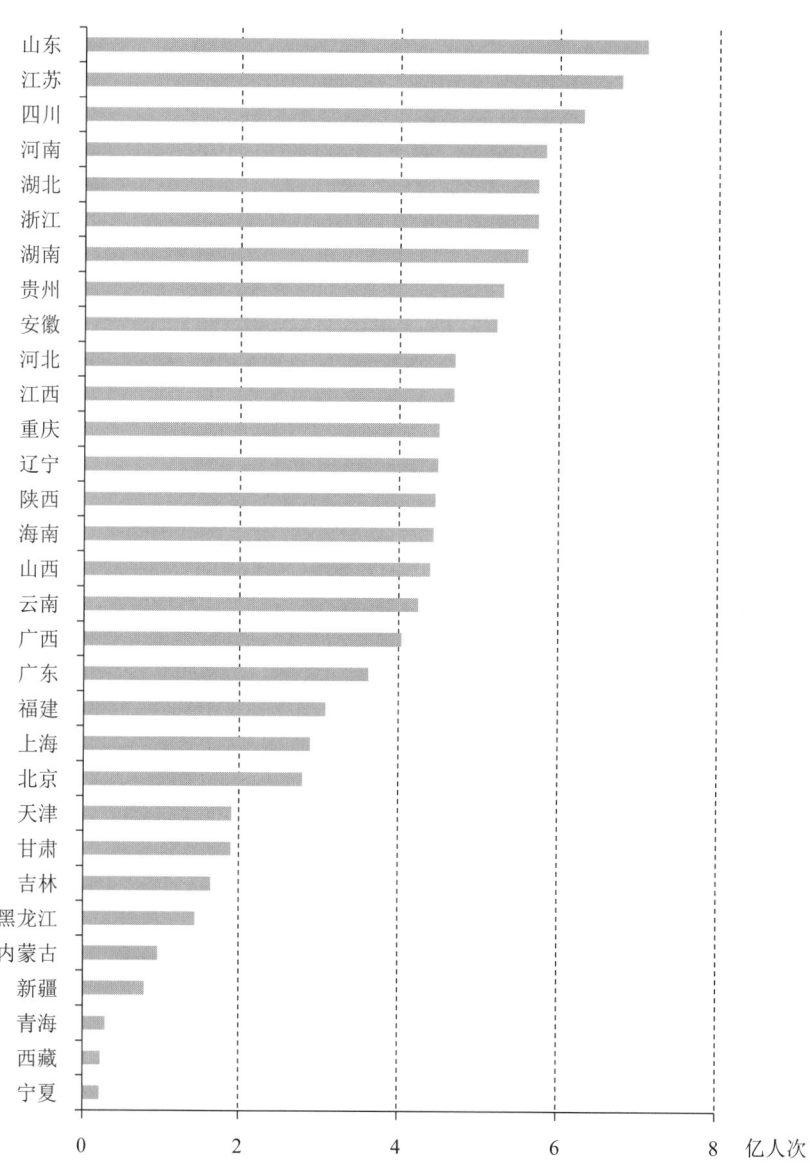

图3-6 2016年各省（区、市）国内旅游接待规模

由图3-7可以看出，我国各省（区、市）之间旅游接待增长率差距较大。其中增长率最快的是贵州省，国内游客接待人数增长率高达41.3%。云南省和河北省位于增长率第二、第三名，增长率分别为31.69%和25.6%。增长率最低的省（区、市）为北京和上海，增长率均不超过5%，分别为4.7%和5%。

第三章 国内旅游产业发展特征
Chapter 3　Characteristics of China Domestic Tourism Industry

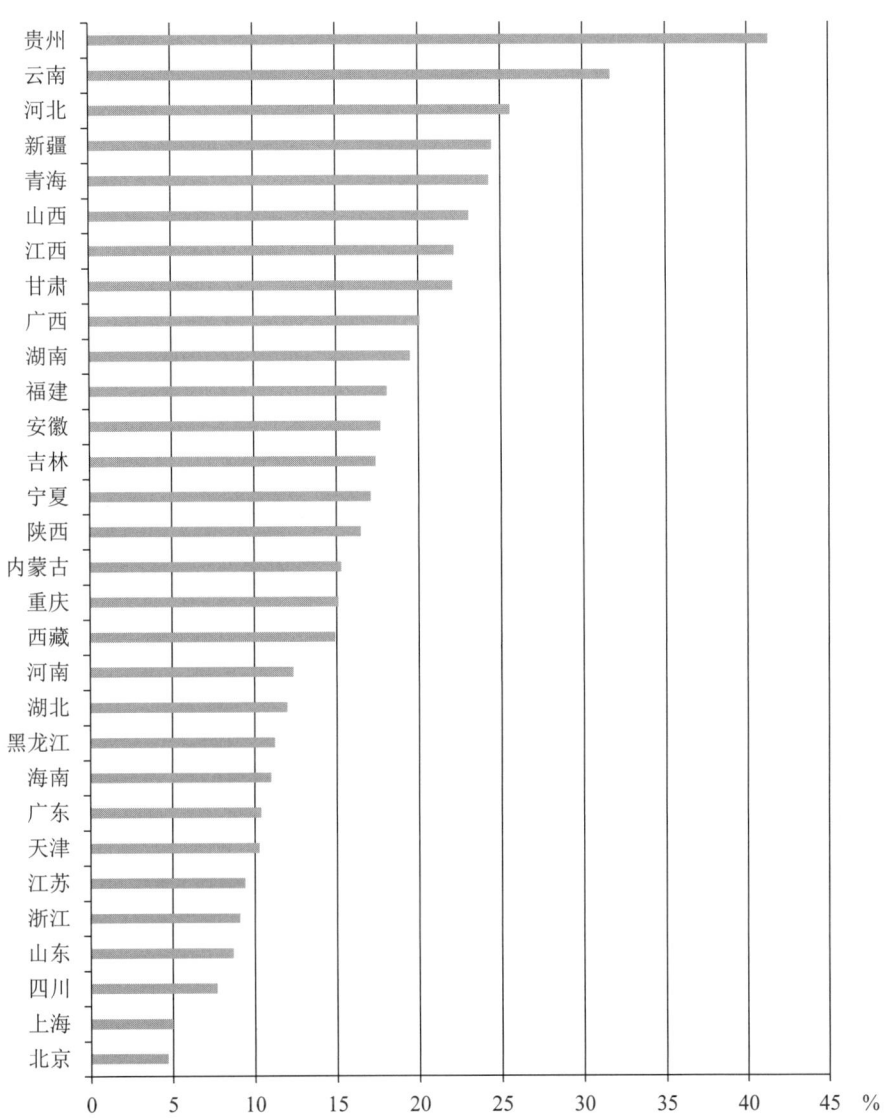

图 3-7　2016 年各省（区、市）国内旅游接待人数增长率

3. 目的地旅游消费水平与当地整体物价呈正相关关系

国内旅游人均消费指标是由国内旅游收入除以国内旅游人次得出，反映了国内旅游每人次的消费额，是反映各地区旅游业创造价值能力的重要指标。本报告主要研究 2016 年国内旅游人均消费在空间上的分布特征。

图 3-8 反映了我国各省（区、市）国内旅游人均消费差距。2016 年，内蒙

古的国内旅游人均消费仍然位居全国第一，其国内旅游人均消费达到2745.42元。国内旅游人均消费超过1000元的省（区、市）数量增长为18个，包括内蒙古、广东、吉林、新疆、北京、天津、江苏、西藏、浙江、四川、上海、福建、山东、云南、黑龙江、青海、江西、广西。

2016年各地区的国内旅游人均消费地理分布，并不像国内旅游接待人数或国内旅游收入一样表现出明显的东、中、西三级分布的特征。其中，经济发达的京津地区和长三角地区旅游人均消费较高，国内旅游规模较小的新疆、西藏和内蒙古等边疆地区旅游人均消费较高，而传统旅游大省（市）重庆和甘肃等地区人均消费则相对较低。

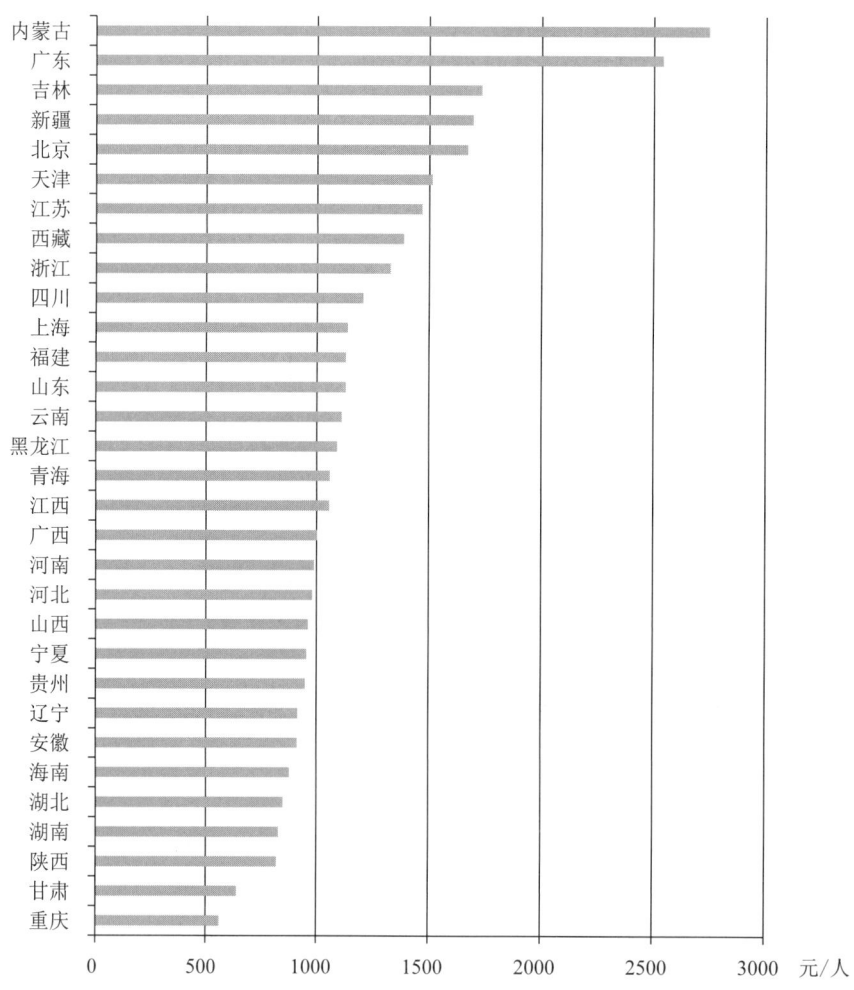

图3-8 2016国内各省（区、市）旅游人均消费水平

（三）星级酒店发展指数

1. 中部地区高星级饭店数量最少

2015年，从我国各省（区、市）高星级饭店数量排名来看，总体呈现东多西少的格局。其中五星级饭店数量最多的省份为广东、江苏和浙江三省，分别为97家、85家和78家。四星级酒店数量最多的是江苏省和浙江省，分别为167家和166家，山东和广东紧随其后，均开有151家四星级酒店。宁夏、西藏、青海等西部省份高星级酒店较少，其中五星级酒店数量均不超过3家，四星级酒店的数量分别为31家、22家和28家。

表3-1　2015年各省（区、市）五星级、四星级饭店数量

省（区、市）	5星级	4星级	饭店指数	省（区、市）	5A	4A	饭店指数
北京	59	125	0.66	河南	12	51	0.16
天津	15	34	0.12	湖北	19	76	0.29
河北	20	126	0.47	湖南	16	58	0.21
山西	14	43	0.14	广东	97	151	0.95
内蒙古	9	36	0.10	广西	11	67	0.21
辽宁	27	78	0.34	海南	24	39	0.19
吉林	3	43	0.09	重庆	26	51	0.24
黑龙江	6	49	0.13	四川	26	103	0.42
上海	65	66	0.49	贵州	6	59	0.16
江苏	85	167	0.94	云南	20	73	0.28
浙江	78	166	0.90	西藏	1	22	0.01
安徽	23	106	0.41	陕西	16	45	0.16
福建	48	124	0.60	甘肃	3	58	0.14
江西	14	94	0.32	青海	2	28	0.03
山东	29	151	0.60	宁夏	0	31	0.03
新疆	15	55	0.19				

从区域星级饭店数量发展趋势来看（见图3-9），东部、中部和西部地区的星级饭店数量在2013年到2015年整体呈下降趋势，直到2016年才均有所增加。

其中东部地区的饭店数量最多，为5645家，占全国星级饭店数的46.50%；西部地区次之，饭店数量为4073家，占全国星级饭店数量的33.54%；中部地区的饭店数量最少，占全国星级饭店数量的19.96%。

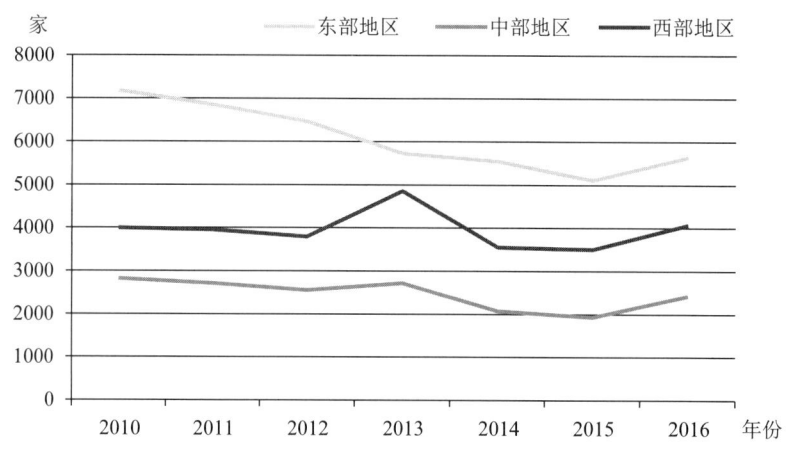

图3-9 区域星级饭店数量发展趋势

从区域星级饭店在全国占比来看（见图3-10），一般年份，东部所占比重最大，西部次之，中部地区所占的比重最小。2013年东部地区星级饭店发生大幅下降，西部地区星级饭店增长了近7%，但总体趋势没有发生变化，依然是东部地区所占比重最大，西部次之，中部最小。

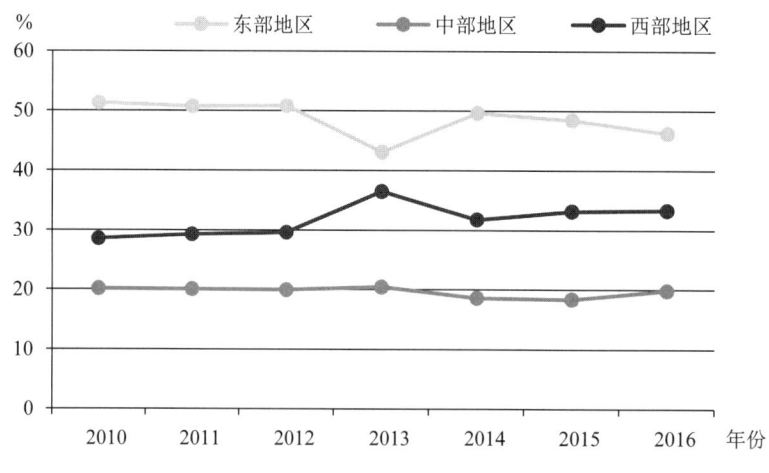

图3-10 区域星级饭店数在全国占比

第三章 国内旅游产业发展特征
Chapter 3 Characteristics of China Domestic Tourism Industry

2. 各地区星级饭店经营情况

（1）总体情况

根据2016年第四季度全国星级饭店统计公报，全国星级饭店平均房价为341.13元/间夜，平均出租率为56.60%，每间可供出租客房收入为193.07元/间夜，每间客房平摊营业收入为36 084.20元。

平均房价高于全国平均水平的有8个省（区、市），位居全国前六位的为上海、北京、海南、广东、天津和浙江，其中上海最高，为701.25元/间夜；平均出租率高于全国平均水平56.6%的有12个省（区、市），位居前六位的为上海、海南、湖南、北京、江苏和广东，其中上海最高，为71.29%；每间可供出租客房收入高于全国平均水平193.07元/间夜的有8个省（区、市），位居前六位的为上海、北京、海南、广东、江苏和浙江，其中上海最高为499.94元/间夜；每间客房平摊营业收入高于全国平均水平36 084.20元/间的有8个省（区、市），位居前6位的为上海、北京、江苏、浙江、广东和海南，其中上海最高为95 270.02元/间。

（2）各省（区、市）分星级情况

各省（区、市）分星级情况如表3-2所示。

表3-2 各省（区、市）星级饭店经营情况

省（区、市）	一星		二星		三星		四星		五星	
	平均房价(元/间夜)	平均出租率（%）	平均房价(元/间夜)	平均出租率（%）	平均房价(元/间夜)	平均出租率（%）	平均房价(元/间夜)	平均出租率（%）	平均房价(元/间夜)	平均出租率（%）
全国	102.02	43.41	181.01	51.64	218.56	53.58	334.73	58.50	614.96	61.56
北京	195.4	8.46	279.68	56.6	386.89	57.56	496.47	67.06	803.64	68.26
天津	0	0	190.37	55.59	336.75	49.88	354.29	53.29	526.79	58.22
河北	99.55	58.42	156.8	39.42	207.29	39.63	287.8	44.08	411.41	58.46
山西	0	0	162.71	58.33	219.4	51.47	295.58	45.13	468.25	43.66
内蒙古	0	0	119.45	47.41	188.63	41.99	263.83	49.24	346.97	50.16
辽宁	129.38	68.93	126.1	48.97	190.71	43.57	282.21	48.82	448.09	48.11
吉林	0	0	214.7	38.07	218.82	47.58	308.74	53.21	496.76	58.57
黑龙江	67.26	66.99	115.09	39.23	182.86	43.23	322.87	47.75	580.52	59.99
上海	118.89	60.19	264.08	70.61	372.27	62.42	513.4	71.35	948.73	74.34

续表

省（区、市）	一星		二星		三星		四星		五星	
	平均房价(元/间夜)	平均出租率（%）	平均房价(元/间夜)	平均出租率（%）	平均房价(元/间夜)	平均出租率（%）	平均房价(元/间夜)	平均出租率（%）	平均房价(元/间夜)	平均出租率（%）
江苏	0	0	178.6	55.91	212.42	61.42	317.41	62.60	515.8	62.49
浙江	124.4	26.20	193.96	47.6	253.08	54.86	380.44	62.16	574.18	58.57
安徽	70.03	65.96	158.65	46.57	185.93	52.63	289.93	53.21	375.98	56.65
福建	120.67	37.00	219.13	52.96	228.89	57.17	317.79	60.55	520.17	61.27
江西	0	0	159.09	43.24	179.73	49.23	246.23	55.37	342.05	58.54
山东	0	0	155.49	59.42	186.47	54.69	285.8	57.99	583.93	52.67
河南	94.58	26.27	112.17	50.80	167.6	55.58	280.15	53.01	413.84	57.25
湖北	175	72.22	184.17	56.18	220.56	58.05	307.92	59.25	508.6	63.53
湖南	120.57	81.09	126.78	61.05	192.66	64.22	314.17	65.63	445.49	60.5
广东	104.31	22.95	207.55	56.83	253.18	57.20	365.99	61.95	609.24	61.33
广西	0	0	121.36	54.41	150.38	56.96	246.1	62.00	457.38	60.96
海南	81.47	53.43	147.2	52.19	128.73	58.52	256.44	76.89	796.16	64.98
重庆	0	0	140.67	45.79	207.19	50.58	324.29	62.85	476.96	62.59
四川	92.59	30.24	167.05	61.17	237.26	58.32	317.44	59.08	563.95	59.14
贵州	100.42	39.17	156.25	49.34	190.71	52.46	308.9	61.21	485.77	60.32
云南	50.71	44.07	266.27	49.20	167	53.50	268.98	59.90	474.33	60.29
西藏	133.28	65.22	234.04	44.97	315.91	51.70	301.99	41.85	616.98	30.44
陕西	0	0	133.48	55.46	186.02	53.56	278.75	60.59	521.59	60.44
甘肃	179.31	38.76	155.19	46.54	196.12	46.65	292.64	49.34	631.72	55.10
青海	154.65	22.32	188	38.66	200.99	35.86	276.44	39.21	432.98	32.13
宁夏	0	0	90.36	43.42	183.44	50.82	271.29	47.19	0	0
新疆	0	0	133.26	39.16	192.46	45.59	267.77	44.13	368.72	50.48
新疆兵团	0	0	105.91	37.72	229.12	53.15	274.48	62.47	0	0

一星级饭店平均房价高于全国平均水平102.02元/间夜的有11个省（区、市），其中北京（10家）的平均房价在190元/间夜以上，平均出租率高于全国平均水平43.41%的有10个省（区、市），其中湖南（3家）和湖北（1家）的平均出租率超过70%。

二星级饭店平均房价高于全国平均水平181.01元/间夜的有11个省（区、市），其中北京（133家）、云南（215家）和上海（22家）的平均房价均高于260元/间夜；平均出租率高于全国平均水平51.64%的有14个省（区、市），其中上海（22家）的平均出租率超过70%。

三星级饭店平均房价高于全国平均水平218.56元/间夜的有12个省（区、市），其中北京（188家）、上海（67家）、天津（30家）和西藏（8家）的平均房价超过了300元/间夜；平均出租率高于全国平均水平53.58%的有13个省（区、市），其中湖南（221家）、上海（67家）和江苏（221家）的平均出租率超过60%。

四星级饭店平均房价高于全国平均水平334.73元/间夜的有5个省（区、市），其中上海（66家）的平均房价超过500元/间夜；平均出租率高于全国平均水平58.50%的有16个省（区、市），其中海南（35家）和上海（66家）的平均出租率超过70%。

五星级饭店平均房价高于全国平均水平614.96元/间夜的有5个省（区、市），其中上海（67家）的平均房价超过900元/间夜；平均出租率高于全国平均水平61.56%的有6个省（区、市），其中上海（67家）的平均出租率超过70%。

（3）全国50个重点旅游城市情况

全国50个重点旅游城市共有3977家饭店通过2015年第四季度数据审核，占全国总数的39.16%。从第四季度各城市经营情况看，平均房价高于全国平均水平341.13元/间夜的有24个城市，位居前10位的分别为上海、三亚、北京、广州、深圳、厦门、杭州、无锡、南京、拉萨。平均出租率高于全国平均水平56.60%的有30个城市，位居前10位的分别为三亚、南京、深圳、上海、福州、长沙、海口、广州、济南、南宁。每间可供出租客房收入高于平均水平193.07元/间夜的有24个城市，位居前10位的分别为上海、三亚、深圳、北京、广州、南京、厦门、福州、杭州、无锡。每间客房平摊营业收入高于全国平均水平36 084.20元的有23个城市，位居前10位的分别为上海、温州、苏州、南京、三亚、广州、无锡、福州、济南、北京。

表 3-3　50 个重点旅游城市经营情况

指标 城市	平均房价 (元/间夜)	平均出租率（%）	每间可供出租客房收入（元/间夜）	每间客房平摊营业收入（元）	平均房价比较（%）	平均出租率比较（%）	每间可供出租客房收入比较（%）	每间客房平摊营业收入比较（%）
北京	536.81	63.57	341.28	53 528.08	2.74	2.40	5.21	-14.67
天津	393.25	53.92	212.03	36 828.11	0.49	6.78	7.3	-4.26
石家庄	298.02	57.67	171.87	35 935.35	-8.01	1.46	-6.66	-3.84
秦皇岛	272.88	13.89	37.89	9943.09	-3.22	-41.79	-43.66	-31.74
太原	290.27	55.23	160.3	32 932.55	-1.62	4.10	2.42	2.74
呼和浩特	275.92	49.89	137.65	32 076.8	-11.87	14.90	1.26	-12.83
沈阳	296.66	54.94	162.99	30 113.15	2.36	2.12	4.53	-9.35
大连	306.86	46.34	142.2	28 092.18	1.21	5.31	6.58	-7.25
长春	312.82	61.16	191.32	32 834.53	-2.73	7.21	4.28	4.69
哈尔滨	323.06	55.67	179.86	31 462.7	-4.66	-2.57	-7.11	-4.74
上海	701.25	71.29	499.94	95 270.02	0.18	5.46	5.65	5.28
南京	417.87	71.79	300	59 738.41	-1.97	2.58	0.56	-1.58
苏州	372.68	56.27	209.72	63 417.04	-6.59	1.79	-4.92	-0.11
无锡	438.33	59.63	261.4	57 045.61	2.25	1.94	4.24	2.61
杭州	452.96	60.89	275.79	53 499.22	-15.16	0.53	-14.71	-17.19
宁波	368.92	56.16	207.17	51 571.38	-3.09	7.91	4.58	7.46
温州	362.85	64.00	232.22	78 341.29	1.49	8.12	9.73	22.53
合肥	300.17	65.19	195.69	41 433.06	-2.67	5.82	3.00	3.88
黄山	360.57	40.89	147.44	24 662.62	13.87	-6.06	6.97	3.66
福州	403.8	70.89	286.26	55 071.93	9.81	-0.82	8.92	7.00
厦门	453.73	64.39	292.16	48 539.97	-4.85	-2.10	-6.84	-10.19
泉州	289.14	50.65	146.45	37 728.97	5.15	-4.08	0.86	-1.53
南昌	252.47	60.74	153.34	28 397.8	-12.82	-4.32	-16.59	-13.76
济南	340.55	66.36	225.98	53 529.35	-0.40	3.96	3.55	1.98
青岛	344.79	54.60	188.24	39 876.62	-4.23	5.80	1.32	-2.64

续表

指标 城市	平均房价 (元/间夜)	平均出租率（%）	每间可供出租客房收入（元/间夜）	每间客房平摊营业收入（元）	平均房价比较（%）	平均出租率比较（%）	每间可供出租客房收入比较（%）	每间客房平摊营业收入比较（%）
郑州	278.06	63.08	175.4	25 195.02	−4.25	−3.43	−7.54	−35.41
洛阳	223.34	49.77	111.16	28 990.97	−23.70	−0.79	−24.30	−1.48
武汉	391.89	63.21	247.71	40 238.68	−1.65	3.55	1.84	2.97
宜昌	273.47	50.48	138.05	28 944.58	1.39	4.79	6.24	3.81
长沙	350.09	69.58	243.61	47 459.44	−4.99	−4.78	−9.53	−11.52
张家界	224.39	58.07	130.31	19 563.01	10.76	−18.15	−9.35	14.35
广州	501.29	67.01	335.92	57 703.31	−1.55	3.55	1.95	−4.72
深圳	495.96	71.34	353.83	51 711.86	0.88	2.11	3.02	2.22
珠海	383.51	65.33	250.54	29 681.7	5.02	−1.99	2.93	−7.1
东莞	369.62	42.38	156.64	38 458.94	−2.90	5.64	2.57	3.63
南宁	238.61	66.11	157.75	30 139.44	1.79	0.81	2.61	−0.57
桂林	217.91	55.98	121.98	19 872.54	−0.88	1.73	0.84	1.53
海口	293.12	68.06	199.51	33 145.88	−5.70	5.50	−0.52	−2.80
三亚	638.24	75.13	479.54	59 084.45	−11.98	9.52	−3.60	−3.83
重庆	329.75	57.58	189.87	33 754.55	−2.09	1.67	−0.45	−3.15
成都	406.47	61.27	249.03	44 190.75	−4.18	5.42	1.01	0.01
贵阳	366.19	59.43	217.63	36 733.88	1.72	1.76	3.51	4.17
昆明	340.93	57.57	196.26	23 633.34	2.79	3.87	6.77	−40.36
丽江	198.56	56.91	113.01	15 356.07	−15.65	−7.12	−21.66	6.52
拉萨	415.88	33.43	139.04	24 976.17	−11.68	−8.95	−19.59	50.87
西安	356.07	58.08	206.82	35 551.08	−0.36	7.80	7.41	0.77
兰州	308.14	57.64	177.60	28 817.26	−2.42	2.16	−0.32	9.94
西宁	271.41	36.05	97.85	158 56.49	−1.37	−4.02	−5.34	−17.44
银川	243.37	49.13	119.57	16 586.56	−13.93	15.72	−0.40	−34.85
乌鲁木齐	290.93	52.28	152.09	34 304.89	−7.78	−3.48	−11.00	−8.35

（4）50个重点旅游城市与2014年同期比较

平均房价：增幅位居前10位的城市为黄山、张家界、福州、泉州、珠海、昆明、北京、沈阳、无锡、南宁，其中黄山增幅最大，为13.87%；降幅位居前10位的城市为洛阳、丽江、杭州、银川、南昌、三亚、呼和浩特、拉萨、石家庄、乌鲁木齐，其中洛阳降幅最大，为23.70%。

平均出租率：增幅位居前10位的城市为银川、呼和浩特、三亚、温州、宁波、西安、长春、天津、合肥、青岛，其中银川增幅最大，为15.72%；降幅位居前10位的城市为秦皇岛、张家界、拉萨、丽江、黄山、长沙、南昌、泉州、西宁、乌鲁木齐，其中秦皇岛降幅最大，为41.79%。

每间可供出租客房收入：增幅位居前10位的城市为温州、福州、西安、天津、黄山、昆明、大连、宜昌、上海、北京，其中温州增幅最大，为9.73%；降幅位居前10位的城市为秦皇岛、洛阳、丽江、拉萨、南昌、杭州、乌鲁木齐、长沙、张家界、郑州，其中秦皇岛降幅最大，为43.66%。

每间客房平摊营业收入：增幅位居前10位的城市为拉萨、温州、张家界、兰州、宁波、福州、丽江、上海、长春、贵阳，其中拉萨增幅最大，为50.87%。降幅位居前10位的城市为昆明、郑州、银川、秦皇岛、西宁、杭州、北京、南昌、呼和浩特、长沙，其中昆明降幅最大，为40.36%。

（四）目的地旅游服务质量指数

1. 东部地区旅游服务质量指数较高

2016年目的地旅游服务质量最大的特点是，凡是旅游行政主管部门重点关注、强化监管、查处整治的领域，凡是目的地党委和政府切实重视和管理水平较高的地区，游客满意度水平普遍较高，并呈现进一步上升的趋势。无论是团队旅游服务、旅游投诉处理、传统的"旅游六要素"涉及的行业，还是排名靠前的境内城市和境外目的地，均是如此。调查还显示，旅游主管部门只要敢于为游客发声，工作"蛮拼的"，市场就会有信心，游客就会及时"点赞"。

2016年，本报告将省会城市的旅游服务质量作为整个省（区、市）总体旅游服务质量的代表，用10分制打分，1分表示非常不满意，10分表示非常满意，通过比较，得出2016年各省（区、市）的旅游服务质量指数。

如图3-11所示，2016年，旅游服务质量最高的省份是江苏，为8.33分。旅游服务质量排名前五位的还有北京、辽宁、山西、重庆；位于后五位的省

（区、市）分别为云南、青海、湖北、广西、甘肃。其中，云南从2015年旅游服务质量排名第8名降到2016年的最后一名。

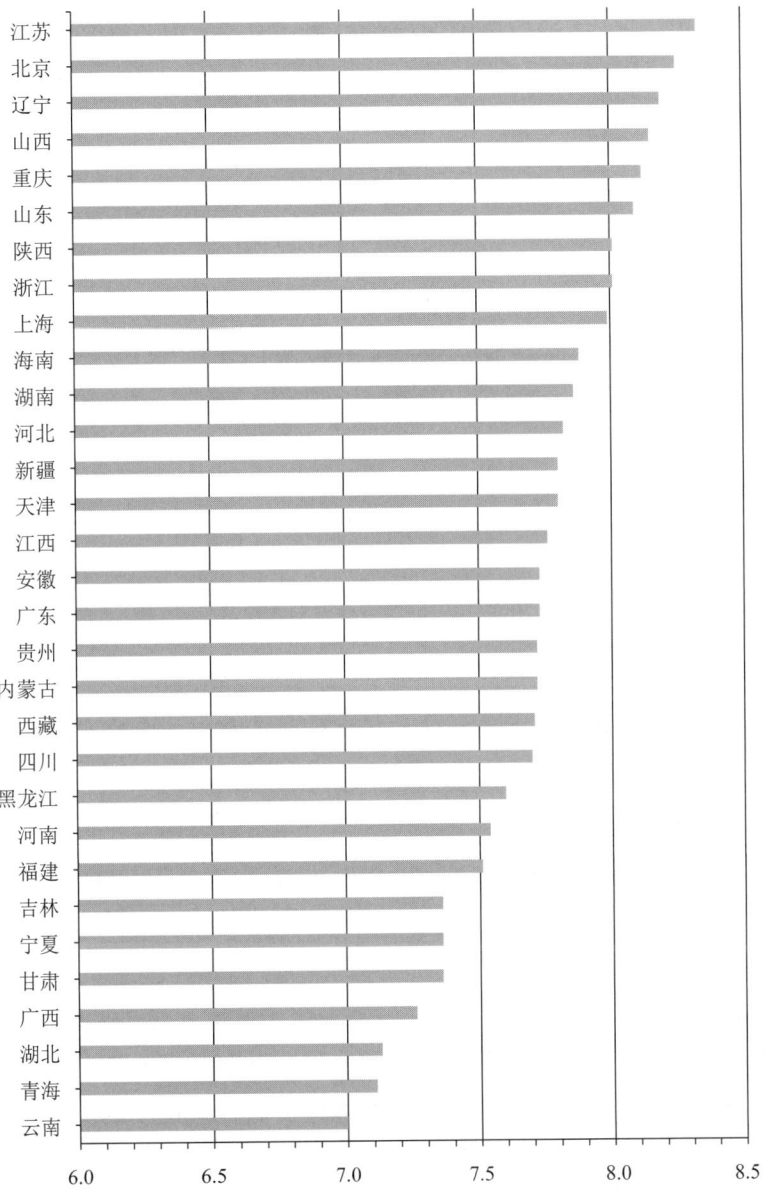

图 3-11　2016 年各省（区、市）旅游服务质量指数

2. 网络平台有效评价中满意度较高

从2016年平台满意度评价来看，在20 098条游客有效评价中，"非常满意"和"满意"约占总体评价的75%，"一般"约占14%，"不满意"仅占7%，"非常不满意"仅占4%。这说明我国国内旅游满意度总体属于满意状态，这与国家"515战略"、全域旅游以及多项标准化工程密不可分，说明我国国内旅游业水平在不断提升。

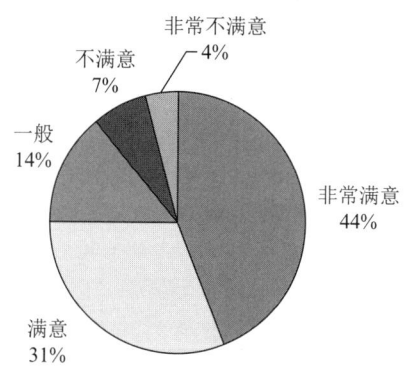

图3-12 网络平台满意度评价

3. 强制购物、导游服务成为影响目的地服务质量的主要因素

从调查来看，国内旅游者不满因素主要集中在购物、旅行社自身服务、交通工具、住宿餐饮、行程安排、导游领队服务以及自费项目等方面，其中购物和导游领队服务已成为影响游客不满意评价的关键因素，被游客投诉占比近50%。

（五）国内旅行社发展指数

2015年，我国旅行社分布情况为东多西少。具体来说（见图3-13），旅行社最多的省份为江苏，其次为山东，位居全国前五名的还有浙江、广东和北京。旅行社较少的省（区、市）大多位于西部地区，旅行社最少的五个省（区、市）为宁夏、西藏、青海、贵州和海南。

从图3-14可以看出，2015年四大区域中，东部地区的旅行社数量最多，多于中部地区和西部地区的旅行社之和。东北地区的旅行社个数分布最少。

第三章　国内旅游产业发展特征
Chapter 3　Characteristics of China Domestic Tourism Industry

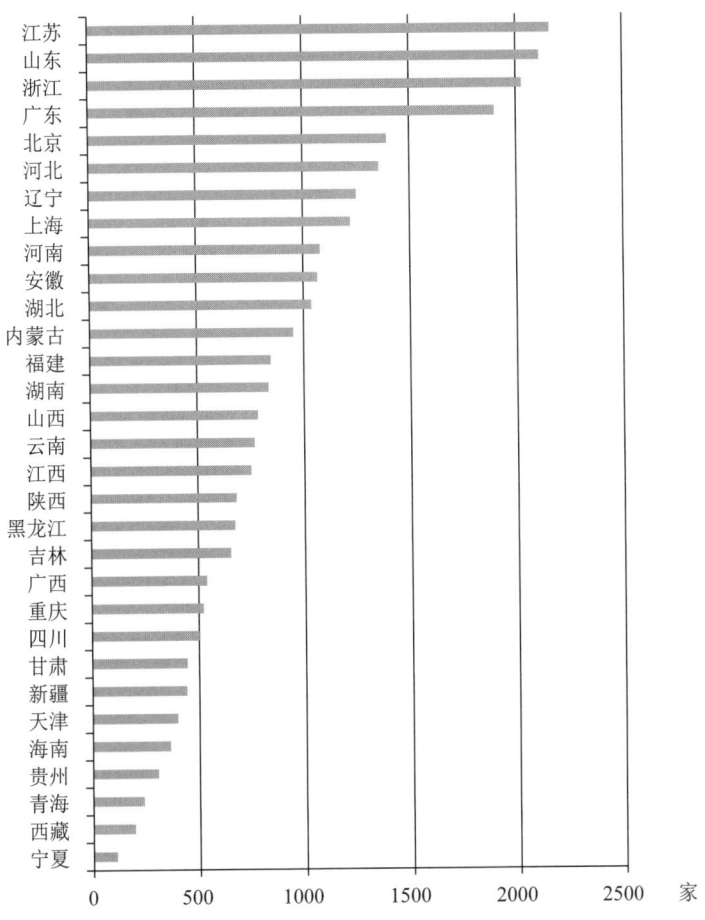

图 3-13　2015 年各省（区、市）旅行社总数

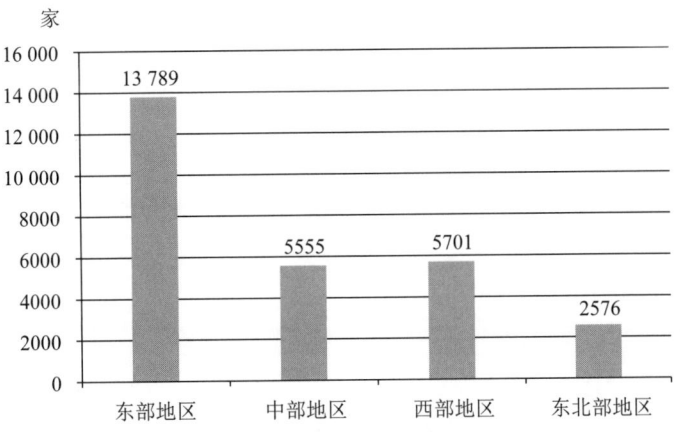

图 3-14　2015 年不同区域旅行社总数

（六）旅游产业综合发展水平

本报告为了分析研究旅游目的地旅游产业综合发展水平和旅游目的地的关系，构建各地区的旅游产业发展指数。旅游产业发展指数通过对2016年目的地的景区数量、旅游收入、旅游接待量、饭店数量、旅行社规模等共五个指标进行标准化处理并取算术平均值后得出。

图3-15反映了2016年各省（区、市）的旅游产业发展状况，其中江苏省以0.956位居全国第一。此外，旅游产业发展水平位于前五位的地区还有浙江、广东、山东和安徽。旅游产业发展水平位于全国后五位的是西藏、宁夏、青海、天津和新疆。

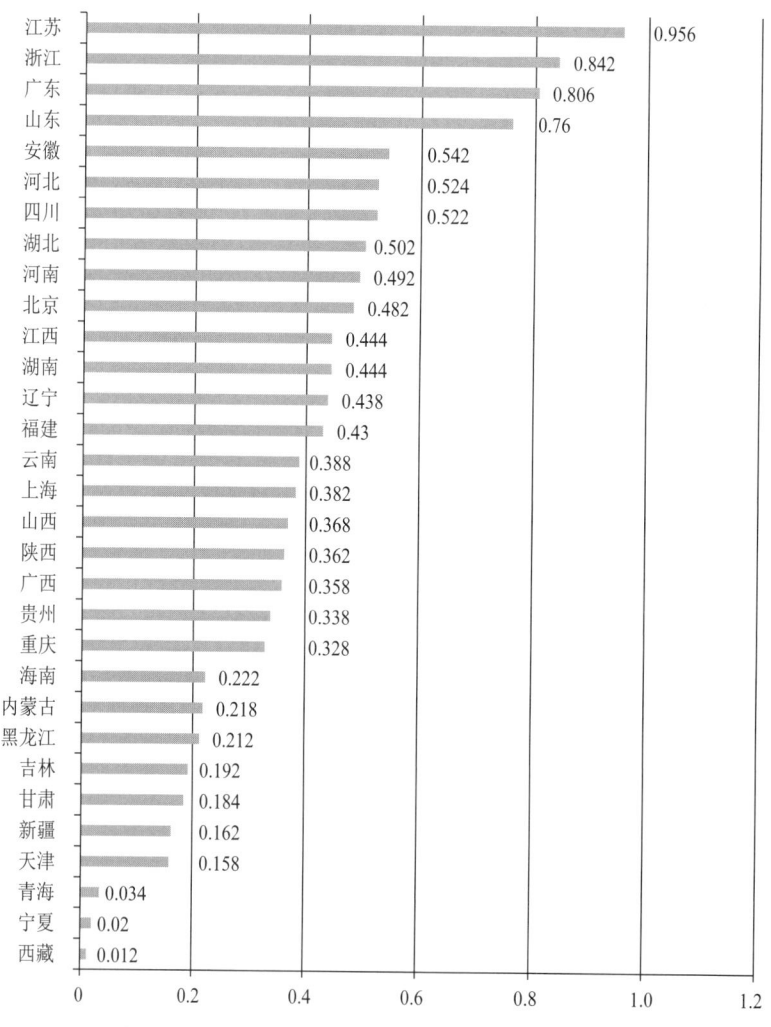

图3-15　2016各省（区、市）旅游产业发展指数

由图3-16可以看出，我国各区域旅游产业综合发展水平呈现东高西低的态势，西部地区的旅游发展指数为0.23，东北地区的旅游发展指数为0.28，与中部和东部地区有较大差距。东部地区旅游综合发展水平最高，旅游发展指数为0.56，这与东部地区经济最繁荣、旅游开发建设最成熟有关。

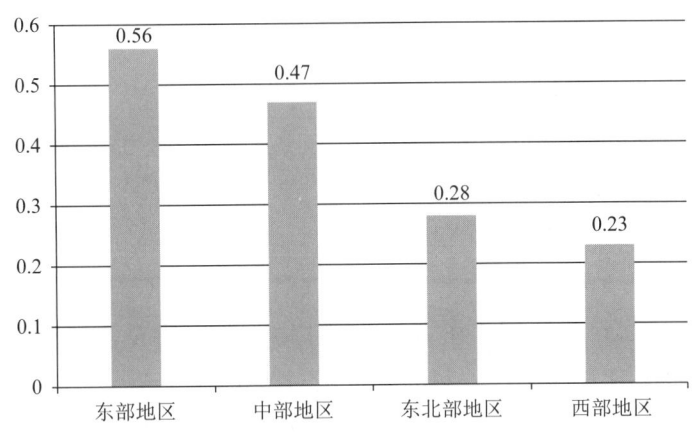

图3-16 2016年各区域旅游产业综合发展指数

二、国内旅游合作新格局不断推进

（一）5大区域旅游城市群不断创新

《"十三五"旅游业发展规划》指出，"十三五"时期，按照分类指导、分区推进、重点突破的原则，全面推进跨区域资源要素整合，加快旅游产业集聚发展，培育新型旅游功能区，构建旅游业发展新格局。我国将建设京津冀旅游城市群、长三角旅游城市群、珠三角旅游城市群、成渝旅游城市群和长江中游旅游城市群。

1. 京津冀旅游城市群

全面贯彻落实京津冀协同发展战略，发挥京津旅游辐射作用，构建城市旅游分工协同体系，推进京津冀旅游一体化进程，打造世界一流旅游目的地。2015年以来，京津冀地区以北京、天津、石家庄等城市为中心，开通了班线化旅游直通车40多条，车辆近800辆，开行了7列京津冀旅游专列；北交所旅游资源交易平台共挂牌京津冀地区旅游项目242宗，挂牌金额863.99亿元，成交项目28宗，成交金额6.01亿元……这些数字的背后，是京津冀旅游协同发展带来的勃勃生机。

2. 长三角旅游城市群

全面推进旅游国际化进程，大力推动旅游业与现代服务业融合发展，建设一批高品质的旅游度假区、都市休闲区和乡村度假地，形成面向全球、引领全国的世界级旅游城市群，建设亚太地区重要国际旅游门户。

3. 珠三角旅游城市群

充分利用紧邻港澳区域优势，创新出入境管理方式，促进旅游消费便利化，推进城市群与港澳旅游服务贸易自由化，建设具有世界影响力的商务旅游目的地和海上丝绸之路旅游核心门户。

4. 成渝旅游城市群

2015年重庆累计接待四川游客6392.71万人次，占全年国内游客接待量的16.44%；而2016年1—5月，四川到重庆过夜的游客人数为389.58万人，占重庆国内过夜总人数的17.7%。成渝旅游城市群将充分发挥长江上游核心城市的作用，依托川渝独特的生态和文化，建设自然与文化遗产国际精品旅游区，打造西部旅游的辐射中心。

5. 长江中游旅游城市群

依托长江黄金水道，发挥立体交通网络优势，推动生态旅游、文化旅游、红色旅游、低空旅游和自驾车旅游发展，打造连接东西、辐射南北的全国旅游产业发展引领示范区。

（二）20处特色旅游功能区不断凸显

"十三五"期间，我国将依托跨区域的自然山水以及地域文化单元的完整性，培育一批跨区域国家特色旅游功能区，构建特色鲜明、品牌突出的区域旅游业发展增长极。

根据《特色旅游功能区推进计划》，20个跨区域国家特色旅游功能区包括：

1. 香格里拉民族文化旅游区

2016年，旅游区各地加强旅游基础设施以及自驾车廊道建设，积极推进以昌都、康定、西昌、香格里拉、玉树等为核心的旅游城市建设，实施大生态建设与大文化旅游综合开发协调推进，建设具有全球影响力的一流文化生态旅游目的地。

2. 太行山生态文化旅游区

加快保定、石家庄、安阳、鹤壁、新乡、焦作、忻州、太原、阳泉、晋中、长治等旅游城市和旅游集散中心建设。积极推动特色旅游小镇建设，推进旅游精准扶贫工程，建设全国知名生态文化旅游目的地。

3. 武陵山生态文化旅游区

积极推进黔江、恩施、吉首、张家界、怀化、铜仁、遵义等中心旅游城市建设，加快核心旅游区的转型升级和新旅游区的规划建设。以旅游基础设施建设推进跨区域精品旅游线路组织，推进民族文化旅游发展，建设国际知名的生态文化旅游目的地。

4. 长江三峡山水人文旅游区

完善重庆、宜昌等城市旅游功能，推进长江游轮旅游提档升级，推进旅游业与库区移民搬迁和社区经济转型紧密结合，实现三峡旅游的水陆联动，全面提升三峡国际旅游目的地整体水平。

5. 大别山红色旅游区

全面提升红色旅游发展水平，积极推动黄冈、信阳、六安、安庆、随州、驻马店等核心旅游城市建设。加大交通基础设施投入，推进国家旅游风景道建设，积极推进旅游精准扶贫工程，建设全国知名的红色旅游目的地。

6. 罗霄山红色旅游区

建设以赣州、井冈山、瑞金和吉安为核心的支点旅游城市。发挥井冈山旅游区引领作用，做大做强红色旅游。加强生态环境保护，推进旅游精准扶贫工程，建设红色生态文化旅游目的地。

7. 乌蒙山民族文化旅游区

建设毕节、遵义和赤水等重要旅游中心城市，推进旅游区（点）的开发建设，培育民族文化旅游品牌，建设全国知名的民族生态文化旅游目的地。

8. 秦巴山区生态文化旅游区

强化西安旅游枢纽地位，统筹宝鸡、渭南、天水、汉中、安康、商洛、陇南、十堰等城市集散功能。加强生态环境保护，推进核心旅游区产业空间集聚。完善秦岭南北通道交通和自驾车旅游廊道体系，建设全球知名生态旅游目的地。

9. 长白山森林生态旅游区

以延边州和长白山等为依托，形成长白山旅游产业功能区。推进国家旅游风景道建设，建设中国著名森林生态旅游和冰雪旅游目的地。

10. 大小兴安岭森林生态旅游区

全面提升塔河、漠河、黑河、鹤岗、伊春等城市旅游功能。大力开发冰雪旅游、森林旅游和温泉度假旅游产品，推动旅游业与林区生态保护和林业转型相融合，建设全国著名的森林生态旅游目的地。

11. 中原文化旅游区

以西安、郑州、太原为中心，积极推进晋中、运城、洛阳、开封、渭南、宝鸡等城市旅游文化水平。推动城市文化创意产业和文化旅游综合体发展，建设世界著名的华夏文明旅游目的地。

12. 海峡西岸旅游区

提升福州、厦门、宁德、泉州、温州、汕头等城市旅游业国际化发展水平。推进平潭综合试验区旅游的开放开发，创新两岸旅游合作模式，共同建设世界旅游目的地。

13. 南海海洋文化旅游区

以海口、三亚、三沙为核心，积极推进南海旅游开放开发，建设全球著名的国际海洋度假旅游目的地。

14. 北部湾海洋文化旅游区

以广西滨海特色旅游城市为引领，推进国际旅游集散中心建设。推进边境旅游合作示范区建设，促进与东盟国家旅游合作，建设成为国际知名海洋旅游目的地和国际区域旅游合作的典范区。

15. 六盘山生态文化旅游区

加大旅游区开发建设力度，推动核心旅游区转型升级。发展民族文化生态旅游，推进旅游精准扶贫工程。加强旅游基础设施建设，完善旅游公共服务，建设成为中国西部重要的山地生态旅游目的地。

16. 祁连山生态文化旅游区

以旅游资源保护为基础，推动祁连山国家旅游风景道建设。完善酒泉、武威、张掖、敦煌、德令哈、西宁等城市的旅游功能，建设成为全国著名自驾车户外旅游基地和特种旅游目的地。

17. 南岭森林生态文化旅游区

完善桂林、永州、贺州、郴州、清远、韶关、赣州等城市旅游功能，推进旅游集散基地和道路交通基础设施建设。以生态环境保护为基础，推进跨区域自驾车廊道建设。实施旅游精准扶贫工程,建设著名的区域性生态旅游度假目的地。

18. 塔里木河沙漠文化旅游区

以喀什、阿克苏、和田等城市为支点,推进重点旅游区开发建设与提档升级。发展特种旅游、生态旅游和民族风情旅游,推动南疆自驾车旅游廊道规划建设,建设国际著名的丝绸之路文化旅游目的地。

19. 滇黔桂民族文化旅游区

加强旅游基础设施投入,全面提升旅游可进入性。提升红色旅游目的地建设水平,加快民族生态旅游资源开发建设,推动自驾车廊道建设,建成民族文化旅游示范区。

20. 浙皖闽赣生态旅游协作区

以黄山、上饶和杭州为中心,推进池州、安庆、宣城、三明、景德镇、衢州等城市旅游协同发展。推进旅游区的产业集聚,加快推进遗产文化旅游风景廊道建设。推进区域旅游公共服务一体化进程,建设国际一流生态文化旅游目的地和国家生态旅游协作区。

(三)25 条国家旅游风景道

根据《"十三五"旅游业发展规划》,"十三五"期间,我国将打造 10 条国家精品旅游带,重点建设 25 条国家旅游风景道。

遵循景观延续性、文化完整性、市场品牌性和产业集聚性原则,依托线性的江、河、山等自然文化廊道和交通通道,串联重点旅游城市和特色旅游功能区。重点打造丝绸之路旅游带、长江国际黄金旅游带、黄河华夏文明旅游带、长城生态文化旅游带、京杭运河文化旅游带、长征红色记忆旅游带、海上丝绸之路旅游带、青藏铁路旅游带、藏羌彝文化旅游带、茶马古道生态文化旅游带等 10 条国家精品旅游带。

以国家等级交通线网为基础,加强沿线生态资源环境保护和风情小镇、特色村寨、汽车营地、绿道系统等规划建设,完善游憩与交通服务设施,实施国家旅游风景道示范工程,形成品牌化旅游廊道,重点建设 25 条国家旅游风景道,如表 3-4 所示。

表 3-4 25 条国家旅游风景道途经省市

25条国家旅游风景道	途经省市
川藏公路风景道	四川成都、雅安、康定、巴塘—西藏林芝、拉萨
大巴山风景道	陕西西安、安康—四川达州、广安—重庆
大别山风景道	湖北大悟、红安、麻城、罗田、英山—安徽岳西、霍山、六安
大兴安岭风景道	内蒙古阿尔山、呼伦贝尔—黑龙江加格达奇、漠河
大运河风景道	浙江宁波、绍兴、杭州、湖州、嘉兴—江苏苏州、无锡、常州、镇江、扬州、淮安、宿迁
滇川风景道	云南楚雄—四川攀枝花、凉山、雅安、乐山
滇桂粤边海风景道	云南富宁—广西靖西、崇左、钦州、北海—广东湛江
东北边境风景道	辽宁丹东—吉林集安、长白山、延吉、珲春—黑龙江绥芬河
东北林海雪原风景道	吉林省吉林市、敦化—黑龙江牡丹江、鸡西
东南沿海风景道	浙江杭州、宁波、台州、温州—福建福州、厦门—广东汕头、深圳、湛江—广西北海
海南环岛风景道	海南海口—东方—三亚—琼海—海口
贺兰山六盘山风景道	宁夏贺兰山、沙坡头、六盘山，内蒙古月亮湖
华东世界遗产风景道	安徽九华山、黄山—浙江开化钱江源、江郎山—江西上饶—福建武夷山、屏南白水洋
黄土高原风景道	内蒙古鄂尔多斯—陕西榆林、延安、铜川、西安
罗霄山南岭风景道	湖南株洲—江西井冈山、赣州—广东韶关
内蒙古东部风景道	内蒙古阿尔山—呼伦贝尔
祁连山风景道	青海门源、祁连—甘肃民乐、张掖
青海三江源风景道	青海西宁、海北、海南、果洛、玉树
太行山风景道	河北石家庄、邢台、邯郸—河南安阳、新乡、焦作—山西晋城、长治
天山世界遗产风景道	新疆霍城、巩留、新源、特克斯、和静
乌江风景道	重庆武隆、彭水、酉阳—贵州遵义、贵阳、铜仁
西江风景道	贵州兴义—广西百色、柳州、荔浦、梧州—广东封开、德庆、肇庆
香格里拉风景道	云南丽江、迪庆—四川稻城—西藏昌都
武陵山风景道	湖北神农架、恩施—湖南湘西—贵州铜仁、遵义、黔东南
长江三峡风景道	重庆长寿—湖北神农架、宜昌

三、国内旅游目的地发展创新案例

(一) 政策理念创新案例

1. 浙江湖州通过"四轮驱动"全面推进全域旅游

全域旅游是指在一定区域内,以旅游业为优势产业,通过对区域内经济社会资源尤其是旅游资源、相关产业、生态环境、公共服务、体制机制、政策法规、文明素质等进行全方位、系统化的优化提升,实现区域资源有机整合、产业融合发展、社会共建共享,以旅游业带动和促进经济社会协调发展的一种新的区域协调发展理念和模式。湖州市认真学习贯彻国家及浙江省全域旅游工作精神,坚定历史新方位,明确行动新坐标,力求发展新突破,以国家级旅游业改革创新先行区建设和国家全域旅游示范区创建为主线,以"旅游公共服务提升年"为载体,打好十套组合拳,全面构建四大旅游发展体系,深入推进全域旅游大发展,全面打造国际生态休闲度假城市。

一是以美丽乡村带动的"生态+文化"模式。浙江省是我国乡村旅游最发达的省份之一,当前已形成较为成熟的乡村旅游小城镇发展模式。近年来,"浙江乡村旅游业保持着快速发展的势头",成功带动了社会主义新农村小城镇建设,实现了农村在经济、社会、文化、生态等方面的全面发展。以美丽乡村为载体,把农村生态资源和农村特色文化融入乡村旅游,做好多元经营,促进乡村旅游拓展内涵、彰显特色、提升品质。如安吉县以大景区理念建设美丽乡村,充分发挥田园、竹海、溪流、山野等生态资源优势和乡村地域文化优势,推动旅游、文化和生态建设融合式发展。该县根据乡村旅游产品均衡分布情况和基础先决条件,先后启动了横山坞、尚书圩、大溪、高家堂等11个示范村建设,实施了畲族风情文化特色村郎村、少儿农业科普文化基地尚书垓村等美丽乡村经营试点,建成了18个地域文化展示馆和一批生态型主题农庄,实现了山地生态旅游和多元文化体验的深度契合,推动了以生态和文化为特色的乡村旅游繁荣发展。这种模式以安吉县最为典型。

二是以洋家乐带动的"洋式+中式"模式。以优势资源吸引旅游发展公司、国际友人、文化创意人士投资生态(乡村)旅游,融合当地民俗与西方文化、传统理念与现代文明,开发新兴旅游产品,促进乡村旅游发展的市场化、品牌化、国际化、产品化。如德清县发挥莫干山品牌优势,积极发展融本地特色和国外文化为一体的"洋家乐"新兴业态,目前由英、法等十多个国家的外籍人士投资建成并开业的"洋家乐"有40余家，另有30多家正在建设中，这一系列新兴旅游产品深受国内外高端客户的青睐。2013年"洋家乐"共接待游客13.2万人次，其中境外游客6万人次；实现经济总收入1.46亿元。这种模式以德清县最为典型。

三是以旅游景区带动的"景区+农家"模式。以景区景点为依托，鼓励周边农民包装农家庭院建筑，发展休闲观光农业，开发农事体验项目，参与旅游接待服务，形成景区与农家互促共荣的乡村旅游发展格局，促进乡村旅游由传统观光向现代休闲转型发展。如，长兴县突出景区风光和农家情趣主题，目前已培育农家乐经营户500多家，累计投入建设资金30余亿元，建成城山沟桃源山庄等休闲农业观光园30余个，每年举办梅花节、樱桃节、银杏节等农事节庆活动10余场次。"农家乐、农业观光园、农事节庆活动"三位一体的发展新模式带动了整个旅游景区的发展，古生态奇观、茶文化圣地等旅游品牌正日益在长三角乃至全国叫响。这种模式以长兴县最为典型。

四是以休闲农庄带动的"农庄+游购"模式。以城乡互动为抓手，着力整合城乡资源优势，积极培育乡村休闲大农庄，在休闲观光旅游的同时积极发展旅游购物平台，开发旅游特色商品，打造集休闲、观光、购物等于一体的游购式乡村旅游产品，促进城乡旅游互动，提高乡村旅游发展效益。目前，湖州市区已初步形成滨湖休闲乡村旅游带、浔练乡村旅游带、妙西生态乡村旅游区、荻港古村渔庄乡村旅游区"二带二区"大发展新格局，以荻港渔庄、移沿山生态农庄等市郊十大示范农庄为主体的四大乡村旅游集聚示范区建设扎实推进。这种模式以吴兴区、南浔区和市郊最为典型。

湖州犹如一扇窗口，可以让我们透视当前的诸多时代变革，体现了国家战略、浙江部署、百姓期待、湖州实践的立体结合，是多层战略集成创新的典型，是中国探索创新发展的样板。中国乡村全域旅游的"湖州模式"，其意义远远超越了旅游发展的本身，也远远超越了湖州自身的发展。湖州乡村度假模式，是中国乡村度假、理想乡村生活的引领标杆，新农村建设、新型城镇化的实践范例，美丽中国、生态文明建设的经典样本，现代人的田园生活梦想、最美的乡愁。

2. 湖北长阳县通过旅游业发展助力精准扶贫

旅游扶贫是通过开发贫困地区丰富的旅游资源，兴办旅游经济实体，使旅游业形成区域支柱产业，实现贫困地区居民和地方财政双双脱贫致富。湖北省长阳县通过开发全域旅游和乡村休闲度假旅游，在产业中实现了精准脱贫。长阳县结合美丽乡村建设，结合特色产业发展，结合乡村旅游发展，让旅游扶贫成为精准扶贫的有力抓手，点、线、面结合打造木瓜产业及乡村旅游新型脱贫产业链，助力精准脱贫。

一是文旅融合呈亮点，着力在文化上出精品。近年来，长阳县依托灿烂的土家文化和优势的自然生态资源、丰厚的文化积淀，把美丽乡村建设与发展乡村旅游相结合。短短几年，长阳县乡村旅游发展势头强劲，成功地走出了一条"旅游+"的发展致富道路，成了促进农业产业结构调整、农民增收、农村经济社会持续发展的新亮点。

二是夯实基础串线路，着力在产品上提功能。在打造好乡村旅游的基础上，长阳县将景区及乡村旅游线路串起来，真正使游客得到全域化景区体验。长阳县坚持把乡村旅游发展和精准扶贫、美丽乡村建设相结合，同时，积极推进全县各景区景点的互动联营；将各乡村旅游点和县内重点景区情况编印成册，对外推荐全县一日游、二日游线路，真正实现以点带面、全面发展的目标。长阳县推出"缤纷赏花季、花开正当时"旅游线路，围绕榔坪木瓜花海利用清江画廊、清江方山、清江温泉等景区策划出了精品一日游、二日游线路。通过微信、微博进行宣传发布，截至2016年底关注率达到10万以上。榔坪镇以花为媒，推进文化和生态旅游产业融合发展，既加速建设"中国药用木瓜第一镇"，又联动打造"木瓜花都"旅游品牌。每年3—4月，随处可见大片大片的木瓜花竞相开放。放眼望去，满树的木瓜花姹紫嫣红，艳如梅花，香似海棠，婀娜多姿，清香弥漫，朵朵木瓜花争奇斗艳，好一派春日百花枝头闹的景象，成为游客和当地群众节日出游、感受春天气息的好去处。

三是提质增效壮规模，着力在旅游节上创品牌。榔坪镇立足自身资源优势，抢抓发展机遇，以"产业富民"为重点，大力调整产业结构，以文化旅游节为载体，搭建乡村旅游新平台。目前全镇木瓜种植面积达到7万亩，干果年产量超过2500吨，实现年综合收入6700万元，并已连续10年举办"中国榔坪木瓜花都旅游节"，游木瓜花海已逐步成为宜昌春季旅游的一大亮点和品牌，逐渐形成了一种以旅游产业带动木瓜产业规模化发展、以旅游发展促进农民增收和反向激励木瓜种植的良性互动机制，实现了"游人赏花怡情、农民借花致富、产业托花扬名、地方倚花发展"的多重收效，走出了一条农旅结合增收致富的成功之路。

四是务实高效调结构，着力在扶贫点上惠民生。近年来，长阳县充分发挥旅游业的拉动力、融合能力及催化、集成作用，为县内相关产业和领域发展提供旅游平台，插上"旅游"翅膀，形成新业态，按照"处处是风景 行行+旅游"进行产业结构调整。长阳当地农民表示："前几年一直在外打工，孩子、老人都照顾不到，心里有太多的遗憾，但是随着这几年木瓜产业的兴起，乡村旅游的快速发展，我们再也不用踏上千里迢迢的打工路了，我们在自家土地上种木瓜，在自己家里开农家乐，上有老能尽孝，下有小能成才，不必为就业发愁，不担心领不到工资，享受着发展乡村旅游带来的快乐、幸福和尊严。"

3. 甘肃张掖以5A级景区创建为抓手，带动区域旅游发展上台阶

张掖市地处河西走廊中部，位于亚欧大陆桥经济带上。历史悠久，拥有多年的建城史，为古河西四郡之一，是"丝绸之路"南北线与"居延古道"的交会点，南连祁连山，北依合黎、龙首二山，中国第二大内陆河——黑河贯穿全境，形成了特有的荒漠绿洲景象。境内地势平坦，雪山、草原、碧水、沙漠相映成趣，既有南国风韵，又有塞上风情，有着"不忘祁连山顶雪，错将张掖当江南"的美誉。然而，由于张掖地处我国西北经济欠发达地区，旅游基础设施、配套服务设施不足，导致张掖旅游业长期比较封闭，旅游产业发展水平相对落后。

"十二五"期间，以张掖七彩丹霞景区为引领，全市旅游产业规模不断壮大、效益不断提升，已步入以消费拉动经济增长为主的良性循环新常态。张掖旅游业已成为稳增长、扩内需、促改革、惠民生的关键驱动力。截至2016年，全市游客接待量比2010年增长了8倍，旅游综合收入增长了7倍，旅游接待人次和综合收入持续高速增长。相较于2010年，全市A级旅游景区由10家增加到25家，其中4A级旅游景区由2家增加到15家，星级旅游饭店由17家增加到38家，旅行社及分社由18家增加到42家，旅游直接就业人数由1.3万人增加到4万人。在旅游业的强力推动下，第三产业比重逐年提升，实现了边缘产业向优势产业的转变。同时，景区创新"旅游+扶贫"造血模式，构建景区与村镇共享共建发展机制，开发适合群众参与的旅游经营项目，打通优质农副产品销路，周边大批群众特别是贫困户依托景区实现了脱贫致富。南台村已由全市最贫困村转变为最富裕村。近年来，张掖市政府以张掖七彩丹霞5A级景区创建为主要抓手，通过地企联动、内外互动等措施，努力提升全市旅游服务水平，

优化旅游服务设施，完善旅游基础设施，努力将景区打造为国家级5A级景区，从而为张掖市旅游业树立标杆，以达到以点带面、区域提升的目的，最终打造更具竞争力的张掖市旅游产业环境。

一是引入企业主体，加大景区内外整体投入。张掖七彩丹霞旅游景区拥有一流的旅游资源，创建5A级景区是张掖七彩丹霞旅游景区自我提升的必然选择，也是铸造七彩丹霞更高、更响旅游品牌的需要，更是张掖旅游产业发展的需要。自2016年启动七彩丹霞旅游景区创建5A级旅游景区工作以来，甘肃省公航旅集团、张掖丹霞文化旅游股份有限公司高度重视景区基础设施建设，先后投资3.5亿元，重点完成了1.8万平方米游客中心建设工程，建成了集办公、投诉、咨询、邮政、医疗、售票、小件寄存、导游接待、购物、休闲娱乐、影视播放等于一体的综合性游客中心；投资1.1亿元，建成了总占地面积为21万平方米的景区生态停车场等基础设施建设项目，通过不懈的努力，目前景区内基础设施建设基本达到国家5A级旅游景区标准。

二是通过"三个一流、四个凡是"提升整体服务水平。当前张掖丹霞景区从"三个一流"（打造一流精品景区，打造一流旅游环境，打造一流服务水准）"四个凡是"（凡是游客看到的地方，都必须是整洁美观的；凡是游客享受到的服务，都必须是规范高效的；凡是游客遇到的员工，都必须是热情礼貌的；凡是游客提出的诉求，都必须是高度重视的）对5A级景区服务标准做了详细解读；对张掖七彩丹霞旅游景区创建实施方案、5A级景区创建考核、任务分解表做了全面深入的解读，使创建5A级景区工作目标明确，责任分解到具体部门及个人。

三是发挥龙头带动效应，创新"旅游+"扶贫模式。"十二五"期间，张掖市以"全域旅游、全要素培育、全产业链打造、全民宣传"的"四全"发展理念为核心，以张掖七彩丹霞旅游景区为龙头，以完善旅游业态为抓手，张掖宾馆、甘州府城、丹霞七彩镇、扁都口自驾游营地等188个旅游配套服务项目先后开工建设。

四是坚持品质发展，实现被动监管向综合管理的转变。张掖七彩丹霞旅游景区始终坚持以"品质旅游"为导向，以"游客满意"为目标，着力实施基础设施提升和旅游人才培训工程，累计共举办各类培训活动100多期次，参训人员达2000多人次。在全景区范围内组织开展旅游市场秩序集中整治活动，制定景区从业人员服务规范和旅游服务人员行为准则，认真实施旅游服务质量阳光监督计划,进一步完善了协会运行机制,充分发挥广大游客、媒体网络和行业协会的监督作用,不断拓宽监督渠道,初步形成了多元化、立体式、全覆盖的旅游市场监管体系。

4. 西安全方位推进"厕所革命",提升城市整体形象

旅游厕所虽小,却往往关乎游客对一个国家和民族的第一印象,体现着一个国家和地区的综合实力,也直接关系着旅游产业、旅游事业的进一步发展。作为年接待游客超过44亿人次的旅游大国,旅游厕所问题不是小事,是游客的共同呼声,是事关民生的大事。2015年2月26日,第一次全国旅游厕所工作现场会在广西桂林召开,明确未来三年国家旅游局将协调各地新建、改扩建旅游厕所5.7万座,其中新建旅游厕所3.3万座、改扩建2.4万座。自开启厕所革命以来,各地切实将厕所革命作为基础工程、文明工程、民生工程来抓,厕所革命取得重大进展。最新数据显示,从2015年初到2017年4月底,全国共完成新改建厕所52 485座,占厕所革命三年计划(共5.7万座)的92.71%,预计2017年底将累计完成7.1万座,将超额完成厕所革命三年计划。

西安作为我国旅游业大市,为了响应国家战略,2017年西安市分别从以下方面展开工作。

一是在全市成立"厕所革命"工作领导小组。在全市成立"厕所革命"工作领导小组,明确任务,细化责任分工。在对近年来城市公厕建设进行详细摸底的基础上,制订工作方案,合理布局、查漏补缺、提高标准,通过政策引导、资金补助、标准规范等手段持续推进,努力实现西安市公共区域、旅游景区、交通集散点、乡村旅游点、餐馆、娱乐场所、休闲步行区的厕所全部达到国家标准,并达到"数量充足、干净无味、实用免费、管理有效"的要求。

二是在全市推行厕所"所长制"。对公共区域城市公厕和旅游厕所采取购买服务、以商养厕、设立公益岗位等方式进行日常管理。鼓励以承包经营、由大中型企业冠名赞助,或授予商业广告经营权等方式,推动厕所管理创新。推广聘用保洁公司管理的做法,实行专业化管理。继续将旅游厕所建设标准纳入A级旅游景区、星级饭店评定内容,旅游厕所不达标的,一票否决。对已评为A级旅游景区、星级饭店的,在复核中旅游厕所不达标的,将视情降低A级、星级等级。

三是积极吸引社会资本参与厕所建设管理。此外,充分发挥区县政府的主导作用,将厕所革命纳入本辖区基础设施建设或公厕建设计划。在政府注入导

向性资金的同时，创新投入机制，广开投资渠道，积极吸引社会资本参与厕所建设管理。坚持把"厕所革命"列入年度目标考核，定期检查、公布各区县（开发区）厕所建设进展情况。

四是通过宣传引导，营造文明氛围。强化"厕所革命"的宣传，通过建立志愿者队伍，引导动员全社会积极参与，引导游客和市民树立良好生活习惯，文明如厕，爱护厕所设施设备，尊重厕所管理者的劳动与服务。积极提倡社会经营单位和机关企事业单位厕所免费错时向公众开放。

（二）营销推广创新案例

1. 三亚通过"精品大调研"深入分析发展现状与未来方向

三亚作为我国休闲度假游的热点城市，近年来不断追求创新，提升自身发展潜力及竞争力。2016年，三亚全力推进全国首个"双修双城"试点，开展全域旅游规划发展，旨在加速国际化热带滨海旅游精品城市建设，为旅游市场服务夯实硬件基础。期间三亚政府与新浪智库合作的"精品三亚"调研活动启动，为期一年，网友可以通过专题页面或微博专题参与调研，发表对三亚城市建设和旅游的见解。三亚市自"三亚有约——'精品三亚'大调研"活动启动以来，通过全媒体渠道，来自全球华人及旅游业界的朋友对三亚旅游的发展非常关心，纷纷发表意见，提出建议，短短几天，点击率超过两亿，有上千名网友及专家踊跃报名希望来三亚实地调研，活动组委会最终从中筛选出21位专家、学者。

2016年11月8日，"精品三亚"大调研活动正式启动，通过全媒体渠道，面向全球华人征集对三亚旅游发展的意见或建议。11月17日开始，21名专家赴三亚实地走访、体验、调研，按照"生态宜居""处处风景""升级大三亚""服务无处不在""缤纷业态""你不知道的三亚""走近海洋"七条调研路线，对三亚进行全方位的走访调研。调研专家们进公园、看夜景，进渔港、到码头，进酒店、察品位，亲体验、看治理，从景区到街头，从山间到海洋，从管廊改造到百姓生活，从休闲娱乐到购物消费，从历史文化到业态升级，利用近4天的时间对三亚进行了全面、立体的调研，为三亚旅游的发展建言献策，取得了丰硕的成果。通过专家的调研研讨，三亚市旅游委整理各界专家的调研成果，编撰成"三亚旅游发展白皮书"。白皮书将是我国第一个旅游城市发展的整体研报，也是新浪智库服务区域经济发展的典型案例。三亚通过新媒体主题活动的举办，不仅提升了三亚旅游的市场影响力，同时还为三亚旅游业发展提供了有效指导，在目的地市场营销领域具有很强的借鉴意义和推广价值。

2.杭州借助"杭州大使环球行"活动，促进国际旅游市场拓展

杭州市旅游委员会通过对"一带一路"国家战略的深入学习和对年度国际趋势的预判，紧扣国家旅游主题，策划了以"杭州大使环球行"活动为核心、新媒体传播为手段，主攻入境市场的系列活动，并首次在政府入境旅游推广领域推行跨界营销，实施"旅游外交"。活动以市场调研为基础，以"草根大使"的名义做环球城市推广，8位"杭州大使"走过3大洲7个国家10座城市，沿"一带一路"挖掘杭州与世界的联系，传播杭州这座诗意之城。

在环球活动期间，杭州旅游Facebook官方账户帖文覆盖过亿受众，粉丝增长近80 000人，总粉丝数量超140 000；YouTube视频点击超过百万次；共计700余家境外媒体报道、转载了相关内容，覆盖杭州旅游欧美主要目标市场；在境内也吸引了新华社、新浪、中新社等主流媒体关注，引发了200篇新闻报道。

3.台州借助"旅游体验师"活动推广旅游市场

台州旅游针对上海百万大学生特定群体，开展以"台州味道 上海知道"为主题的200名"台州旅游体验师"招募活动。充分利用腾讯网PC、移动端等新媒体，总曝光量达5200万，5天内有4816人报名。体验期间腾讯新闻客户端全程直播，PV达43万；体验师发微信朋友圈1300余条，点赞数达12万，形成裂变式传播。本活动突破传统，层层推进，多轮传播；规模大，辐射广；定位准，成本低，效果好。

体验师在活动前发挥了PR效应，活动中有效地放大了传播效应，活动后体现了积累效应，并通过PGC和UGC生成素材，200篇高品质游记、200种不同的体验和200种不同的味道，让台州营销创下了成功的奇迹。

4.古北水镇主题公园式营销模式创年收入4.62亿元

目前古镇旅游面临着承载压力过大、保护相对滞后、旅游产品偏少、景区管理不善等现实问题。然而北京密云古北水镇采取古镇形态主题公园模式，大获成功。近两年，有"北方乌镇"之称的古北水镇以其古式的建筑、典雅的环境、独特的历史文化、厚重的人文内涵以及浓郁的民俗民风，吸引了成千上万的游客，成为密云、北京乃至中国旅游行业的一匹"黑马"。在备受青睐、拉动经济的同时，也使古镇旅游走出了一条特色新路。

这两年，古北水镇也像某些主题公园一样，在营销推广上做足了文章。比如，不断充实景区内容，加快推进商铺招商工作，拓宽销售渠道，增加地铁广告、互联网广告投放，继冬季的温泉、冰雪等项目以后又推出新的游览设计和夜游票方案，加强同 OTA 的合作，承接《奔跑吧兄弟》《真心英雄》等多个综艺节目的录制，等等。这些卓有成效的措施，使得古北水镇内部参与性、娱乐性不断增强，景区知名度和影响力有了较大提升，团队占比也提升至30%。

第四章
国内旅游客流空间流动特征

2016年，随着全域旅游政策的推行，旅游大交通格局优化，区域内部交通建设亮点频出，旅游流网络呈现出多样化和均衡化的发展格局。总体来说，旅游客流量较2015年有所增加，旅游流向同上年没有较大出入，仍然呈现出东强西弱、南强北弱的格局。

一、区域旅游流主要特征

依据行政区域、物理距离以及客流量大小三个因素将旅游客流流动尺度划分为大尺度、中尺度和小尺度三个层次。本研究主要依托航空流量研究大尺度旅游客流，依托铁路流量来研究中尺度旅游客流，而小尺度旅游客流的时空模式相对稳定，较上一年基本没有变化，因此不予重复研究。

（一）大尺度旅游客流分析

根据大尺度旅游流流动矩阵表4-1可以看出，我国当前大尺度旅游客流主要是环渤海经济区流向长三角经济区、长三角经济区流向环渤海经济区、长三角经济区流向珠三角经济区、环渤海经济区流向中部地区、长三角经济区流向中部地区、珠三角经济区流向长三角经济区以及成渝地区流向长三角经济区。由此可以总结出，大尺度旅游客流主要表现在以下三个方面：东部三大经济区流向中部地区和西部旅游资源大省的西向旅游流、西部经济相对发达地区流向东部三大经济区的东向旅游流以及东部地区内部的南北双向旅游流。从区域旅游发展模式来看，金三角双向旅游流具有很强的经济性，而且市场因素和自身资源的驱动性也较强，属于混合驱动型旅游流；西向旅游流具有资源导向及政策导向特征，属于资源驱动型和政策驱动型旅游流；东向旅游流具有一定的经济性，属于经济驱动型旅游流。

第四章　国内旅游客流空间流动特征
Chapter 4　Spatial Characteristics of China Domestic Tourist Flow

表 4-1　大尺度旅游流流动矩阵

目的地 客源地	环渤海经济区	长三角经济区	珠三角经济区	中部地区	东北地区	成渝地区	云贵地区
环渤海经济区	4 （0）	132 （+9）	137 （+13）	52 （-2）	15 （-4）	116 （+19）	83 （+18）
长三角经济区	122 （0）	2 （0）	218 （+35）	101 （+18）	41 （+9）	139 （+34）	106 （+20）
珠三角经济区	142 （+18）	219 （+36）	20 （+1）	64 （+1）	30 （+7）	124 （+23）	64 （+21）
中部地区	50 （-4）	82 （-1）	95 （+32）	0 （0）	25 （+10）	62 （+13）	60 （+10）
东北地区	15 （-4）	40 （+8）	31 （+8）	24 （+9）	0 （0）	22 （+10）	14 （+5）
成渝地区	117 （+19）	135 （+33）	121 （+19）	66 （+17）	22 （+9）	0 （0）	65 （+9）
云贵地区	83 （+16）	110 （+20）	66 （+7）	60 （+1）	14 （+5）	67 （+11）	2 （-14）

注：查询地址为 http://flight.elong.com。航班时间为 2017-4-28，周五
括号内是与 2015 年相比增加或减少的数量，+表示增加，-表示减少。

1. 以环渤海经济区为客源地的旅游流空间分布

当以环渤海经济区为客源地时（见表 4-1），可以看出其最主要的旅游流。首先是流向珠三角经济区和长三角经济区，每天均有 132 架次和 137 架次的航班从环渤海经济区内的客源地流向珠三角经济区和长三角经济区内主要旅游目的地省市。其次是流向成渝地区的旅游流，每天有 116 架次的航班飞往该目的地省市。再次是云贵地区和中部地区，每天分别有 83 架次和 52 架次的航班飞往该目的地省市。最后是东北地区，每天有 15 架次的航班飞往该区域。与 2015 年年底数据相比，以环渤海经济区为客源地的旅游流空间分布变化较明显，由以流向长三角经济区、珠三角经济区和中部地区为主变为以流向珠三角经济区、长三角经济区和成渝地区为主，除流向东北地区、中部地区的旅游流流量小幅度下降外，流向其他各区域的旅游流流量均有所上升，其中流向成渝地区的旅游流流量增幅最大。

从环渤海经济区主要客源省市细化分析来看（见表4-2），在环渤海经济圈中，北京市、天津市、河北省和山东省经济发展相对较好，选取其作为重要的客源地，将辽宁省纳入东北地区统计范围。

表4-2　大尺度旅游流流动矩阵详表

客源地	目的地	北京	天津	河北	山东	上海	江苏	浙江	广东	福建	湖北	湖南	河南	辽宁	四川	重庆	云南	贵州
环渤海经济区	北京	0	0	0	1	52	11	21	68	9	13	14	1	8	41	19	28	10
	天津	0	0	1	0	16	0	10	23	6	5	10	1	0	10	12	14	6
	河北	0	1	0	0	7	4	7	6	2	0	1	0	2	5	4	5	2
	山东	1	0	0	0	4	0	0	19	4	1	6	0	5	10	15	9	9
长三角经济区	上海	49	16	7	4	0	1	0	104	12	19	16	14	22	41	30	33	13
	江苏	10	0	4	0	1	0	0	44	8	0	10	2	10	13	16	17	11
	浙江	22	10	7	0	0	0	0	50	0	5	6	9	9	19	20	19	13
珠三角经济区	广东	66	26	6	23	104	46	50	0	10	17	5	26	26	62	51	40	12
	福建	9	6	2	4	11	8	0	10	0	5	5	6	4	5	6	5	7
中部地区	湖北	12	5	0	1	19	0	5	17	5	0	0	0	8	7	8	14	6
	湖南	14	9	1	6	16	11	6	5	7	0	0	0	9	8	13	11	3
	河南	1	1	0	0	14	2	9	26	0	0	0	0	8	10	16	16	10
东北地区	辽宁	8	0	2	5	21	10	9	27	4	7	9	8	0	11	11	10	4
成渝地区	四川	42	10	4	10	41	11	18	59	5	9	7	13	11	0	0	25	11
	重庆	19	13	4	15	30	15	20	51	6	8	13	16	11	0	0	23	6
云贵地区	云南	28	14	5	9	35	17	9	42	5	15	11	16	10	27	23	0	1
	贵州	10	6	2	4	13	13	12	7	5	3	10	4	11	6	1	0	0

注：除广东省所查航班为广州市和深圳市外，其余所查航班的出发地或目的地均为该省（区、市）的省会城市。

查询地址为 http://flight.elong.com；航班时间为2017-4-28，周五

以北京作为客源地时，可以看出北京流向广东的旅游流流量相对最大，每

天分别有 68 架次的航班从北京飞往广东；其次是流向上海的旅游流，每天有 52 架次的航班；再次是流向四川的旅游流，每天有 41 架次的航班；最后仅从航班架次来判断，北京飞往河南和山东的客流量最少，然而因距离较近，所以该数字不能说明北京流向两地的客流量较少，只能说明北京通过航空流向河南和山东的旅游流相对最少。与 2015 年年底数据相比，以北京作为客源地的旅游流流向基本不变，北京流向广东和上海的流量仍然最大。

当以天津作为客源地时，天津流向广东的旅游流流量相对最多，每天有 23 架次的航班从天津飞往广东；其次是上海，每天有 16 架次的航班，而仅从航班架次来看，由于天津距离北京较近，天津没有流向北京的航班，因此不能用航班说明问题。但与 2015 年年底数据相比，以天津作为客源地的旅游流流向基本不变，天津流向广东和上海的流量仍然最大，飞往云南航班跃居第三，飞往辽宁航班减少为零，飞往其他大部分省（区、市）变化较小。

当以河北作为客源地时，河北流向上海、广东的旅游流流量相对最多，每天有 13 架次的航班从河北飞往上海和广东。仅从航班架次来看，河北流向其他地区的航班架次很少，表明河北省居民大尺度出游力较小。与 2015 年年底数据相比，以河北作为客源地的旅游流流向没有发生明显变化，仍以流向上海、广东为第一大旅游流，且客流量增加。

当以山东作为客源地时，山东流向广东的旅游流流量最多，每天有 19 架次的航班从山东流向广东，其次为流向重庆、四川的客流量，每天有 25 架次航班从山东流向两地；最后是流向云南、贵州的航线，每天分别有 9 架次的航班。与 2015 年年底数据相比，以山东作为客源地的旅游流流向西南旅游目的地的旅游流有所增加，而其他地区无明显变化。

2. 以长三角经济区为客源地的旅游流空间分布

当以长三角经济区为客源地时（见表 4-1），可以看出流向珠三角经济区的旅游流流量相对最大，每天有 218 架次的航班从长三角经济区的主要客源地省市飞往珠三角经济区的主要目的地省市。长三角经济区的第二大旅游流是流向环渤海经济区主要目的地省市，每天有 122 架次的航班飞往该区域。再次是流向成渝地区重要旅游目的地省市，每天有 139 架次的航班。而长三角经济区流向东北地区的旅游流相对最小，每天仅有 41 架次的航班从长三角流向该区域主要目的地。与 2015 年年底数据相比，以长三角经济区为客源地的旅游流向变化较明显，珠三角、环渤海经济区仍然是长三角经济区的主要旅游目的地，而珠三角经济区和成渝地区的旅游客流量增长得最快，相对增加了69次航班；相对而言，云贵地区和东北地区的旅游客流量变化较少，分别增加了20架次和9架次的航班。总体来看，以长三角经济区为客源的旅游流总体均有所增加，但变化程度差异较明显。

从长三角经济区主要客源省市细化分析来看（见表4-2），长三角经济区的主要客源地省市包括上海市、江苏省和浙江省。当以上海作为客源地时，上海流向广东的旅游流流量相对最大，每天有104架次的航班从上海飞往广东；其次是北京，每天有49架次的航班从上海飞往北京；再次是四川，每天有41架次的航班从上海飞往四川。而不在长三角内部区域，仅从航班架次来看，上海流向山东和河北的旅游流流量相对最小，每天分别只有4架次和7架次的航班。与2015年年底数据相比，以上海作为客源地的旅游流流量无明显变化，广东、北京仍是主要旅游流，除了河北有所减少以外，其余省市旅游流流量均有所增加，从总体上看，以上海为客源地的旅游流增长潜力较大。

当以江苏省作为客源地时，江苏流向广东的旅游流流量相对最大，每天有44架次的航班从江苏流向广东；其次是流向云南，每天有17架次的航班；再次是流向重庆，每天有16架次的航班。从航班架次来看，江苏没有流向天津、浙江、湖北和山东的航线，江苏流向河南、河北的旅游流流量相对较小，每天分别只有2架次航班流向河南，4架次航班流向河北。与2015年年底数据相比，以江苏作为客源地的旅游流流向变化不大，仍以广东为第一大旅游流，云南成了第二大旅游流，湖北、山东航班减少，其他省市或有小幅度增加或不变。

当以浙江省作为客源地时，浙江流向广东的旅游流流量相对最大，每天有50架次的航班从浙江飞往广东；其次是流向北京，每天有22架次的航班；再次是流向重庆，每天有20架次的航班。仅从航班架次来看，浙江没有流向山东和福建的旅游流航班，由于浙江距离这两个省市较近，不能完全用航班来说明问题。

3. 以珠三角经济区为客源地的旅游流空间分布

当以珠三角经济区作为主要客源地时（见表4-1），可以看出，从该客源区域流向长三角经济区的旅游流相对最大，每天有219架次的航班从珠三角经济区的主要客源地省市飞往长三角经济区的主要目的地省市。珠三角经济区的第二大旅游流是流向环渤海经济区的,每天有142架次的航班飞往该区域的主要目的地。再次是流向成渝地区的重要旅游目的地省市,每天有124架次的航班。而珠三角经济区流向东北地区的旅游流在主要目的地中相对最小,每天仅有30架次的航班从珠三角经济区流向该区域主要目的地。与2015年年底数据相比,以珠三角经济区为客源地的旅游流向变化较明显,长三角、环渤海经济区仍然是珠三角经济区的主要旅游目的地,而长三角经济区的旅游客流量增长幅度较大,相对增加了36次航班;成渝地区和云贵地区的旅游客流量变化较小,分别增加了23架次和21架次的航班,总体来看,以珠三角经济区为客源地的旅游流总体均有所增加,其中珠三角流向长三角地区旅游流增幅最明显。

从珠三角经济区主要客源省市细化分析来看(见表4-2),珠三角经济区客源省市主要包括广东省和福建省,其中广东省经济发达,无疑是珠三角经济区内部最大的一个客源地,福建省则可作为重要的客源地。当以广东省作为客源地时,广东流向上海的旅游流流量相对最大,每天有104架次的航班从广东飞往上海;其次是流向北京和四川的旅游流,每天分别有66架次、62架次航班从广东飞往北京和四川;再次是流向重庆的旅游流,每天有51架次航班;而从广东飞往河北、湖南的旅游流流量相对最小,每天分别有6架次、5架次航班从广东飞往河北和湖南,流向福建的旅游流流量也相对较小,每天有10架次航班从广东飞往福建。与2015年年底数据相比,以广东作为客源地的旅游流流向仍以广东流向上海、北京这两大旅游流为主,旅游流流量总体上呈现较大的增幅,而广东流向河南、福建的旅游流流量有微量的增加。福建流向上海的旅游流流量相对最大,每天从福建飞往上海的航班架次是11架次,其次是广东,每天有10架次航班从福建飞往广东,然后是北京,每天有9架次航班从福建飞往北京。而仅从航班架次来看,福建流向河北的旅游流流量相对较小,每天仅有2架次的航班从福建飞往河北。与2015年年底数据相比,以福建作为客源地时旅游流流量总体上变化较小。

4. 以中部地区为客源地的旅游流空间分布

当以中部地区为客源地时(见表4-1),可以看出,从该客源区域流向珠三角经济区的旅游流相对最大,每天有95架次的航班从中部地区的主要客源地省市飞往珠三角经济区的主要目的地省市。中部地区的第二大旅游流流向是长三角经济区,每天有82架次的航班飞往该区域的主要目的地省市。再次是成渝地区和云贵地区的重要旅游目的地省市，每天分别有62架次、60架次的航班。而中部地区流向东北地区的旅游流在主要目的地中相对最小，每天仅有25架次的航班从中部地区飞往该区域主要目的地。与2015年年底数据相比，以中部地区为客源地的大部分旅游流流向都有所增加，只有环渤海经济区和长三角经济区有所减少。其中，成渝地区和珠三角经济区的旅游流流量增幅较大。

从中部地区主要客源省市旅游流细化分析来看（见表4-2），其主要客源地省份包括湖北、湖南和河南。

当以湖北作为客源地时，湖北流向上海的旅游流流量相对最大，每天有19架次的航班从湖北飞往上海；其次是流向广东和云南的旅游流流量，每天分别有17架次、14架次的航班从湖北飞往广东、云南；再次是流向北京的旅游流流量也相对较大，每天从湖北飞往北京的航班为12架次。而仅从航班架次来看，湖北流向贵州和浙江的旅游流流量相对较小，因为湖北距离这两个省份较近，不能完全用航班说明问题。湖北流向山东、天津的旅游流流量也较小。与2015年年底数据相比，以湖北省为客源地时旅游流流向有所变化，云南取代北京成为第三旅游流，流向北京的旅游流减少了，而流向大部分区域的旅游流变化不明显。

当以湖南省作为客源地时，湖南流向上海和北京的航班相对最多，每天均有16架次和14架次的航班从湖南飞往上海和北京；其次是流向云南和重庆，每天分别有13架次、11架次的航班飞往两地；再次是流向江苏，每天有11架次的航班从湖南飞往江苏。而仅从航班架次来看，湖南流向湖北、河南的旅游流流量最小，每天没有航班，由于湖南距离湖北比较近，不能完全用航班说明问题。与2015年年底数据相比，以湖南省为客源地时旅游流流向无明显变化，上海、北京和云南仍是湖南前三大旅游流。

当以河南省作为客源地时，河南流向广东的旅游流流量相对最大，每天有26架次的航班从河南飞往广东；其次是重庆和云南，每天均有16架次的航班从河南飞往两地；再次是上海，每天有14架次的航班从河南飞往上海。而仅从航班架次来看，每天没有航班从河南飞往湖南和湖北，由于河南距离湖南、湖北较近，不能完全用航班说明问题。河南流向天津、北京和江苏的旅游流流量相对较小，每天分别有1架次、1架次、2架次的航班。与2015年年底数据相比，以河南省作为客源地时旅游流流向变化不明显，总体上广东仍然是最大旅游流，流向重庆的旅游流增幅最大，流向上海的旅游流降幅最大。

5. 以东北地区为客源地的旅游流空间分布

当以东北地区为客源地时（见表4-1），可以看出从该客源区域流向长三角经济区的旅游流相对最大，每天有40架次的航班从该区域飞往长三角经济区的主要目的地省市。其次是流向珠三角经济区的旅游流，每天有31架次的航班飞往该区域的主要目的地省市。再次是中部地区的重要旅游目的地省市，每天有24架次的航班。而东北地区流向环渤海经济区和云贵地区的旅游流在主要目的地中相对最小，每天仅有15架次、14架次的航班从东北地区流向该区域主要目的地。与2015年年底数据相比，以东北地区为客源地的旅游流流向无明显变化，珠三角经济区、长三角经济区仍是两大旅游流，中部地区旅游流流量有一定幅度增长，流向成渝地区的旅游流增幅最大，环渤海经济区有所降低。

从东北地区主要客源省市的旅游流细化分析来看（见表4-2），东北地区包括东北三省——黑龙江、辽宁、吉林，目前最具潜力的客源地仅有辽宁省。对于其旅游流空间分布来说，客流量相对最大的省份是广东，每天有27架次；其次是上海，每天有21架次的航班从辽宁飞往上海；再次是成渝地区，每天有11架次的航班从辽宁飞往成渝地区。而仅从航班架次来看，辽宁流向河北的旅游流相对最小，每天仅有2架次的航班飞往河北。与2015年年底数据相比，以辽宁为客源地时旅游流流向变化不大，仍主要是广东、上海，其中增加最快的是四川和重庆。

6. 以成渝地区为客源地的旅游流空间分布

以成渝地区为客源地的旅游流空间分布见表4-1，可以看出，从该客源区域流向长三角和珠三角经济区的旅游流相对最大，每天分别有135架次、121架次的航班从成渝地区的主要客源省市飞往两个经济区的主要目的地省市。成渝地区的第三大旅游流流向是环渤海经济区，每天有117架次的航班飞往该区域的主要目的地省市。再次是云贵地区和中部地区的重要旅游目的地省市，每天分别有65架次和66架次的航班。而成渝地区流向东北地区的旅游流在主要目的地中相对最小，每天仅有22架次的航班从成渝地区流向该区域主要目的地。与2015年年底数据相比，以成渝地区为客源地的旅游流流向总体上流量均有所增加，其中以成渝地区流向东部三大经济区的旅游流增幅最大。

从成渝地区主要客源省市旅游流细化分析来看（见表4-2），四川和重庆均是其主要客源地。

当以四川作为客源地时，四川流向广东的旅游流流量相对最大，每天有59架次的航班从四川飞往广东；其次是流向北京，每天有42架次的航班从四川飞往北京；再次是上海，每天有41架次的航班。而仅从航班架次来看，四川流向河北和福建的旅游流流量相对最小，每天仅有4架次、5架次的航班从四川飞往两地。

当以重庆为客源地时，重庆流向广东的旅游流流量相对最大，每天有51架次的航班从重庆飞往广东；其次是流向上海，每天有30架次的航班从重庆飞往上海；再次是流向云南，每天有23架次的航班飞往云南。而仅从航班架次来看，重庆流向四川的旅游流流量相对最小，每天没有航班，由于重庆距离四川较近，不能完全用航班说明问题；其次是流向河北的旅游流流量相对较小，每天仅有4架次的航班从重庆飞往河北。与2015年年底数据相比，以重庆作为客源地时旅游流流向变化较大，广东、上海和云南仍位居前列。从增长的幅度来看，上海、云南是增长较快的省（市），但北京、广东等地都有所降低。

7. 以云贵地区为客源地的旅游流空间分布

当以云贵地区为客源地时（见表4-1），可以看出，从该客源区域流向长三角经济区的旅游流相对最大，每天有110架次的航班从云贵地区的主要客源地省市飞往长三角经济区的主要目的地省市。云贵地区的第二大旅游流流向是环渤海经济区，每天有83架次的航班飞往该区域的主要目的地省市。再次是珠三角经济区和成渝地区的重要旅游目的地省市，每天分别有66架次、67架次的航班。而云贵地区流向东北地区的旅游流在主要目的地中相对最小，每天仅有14架次的航班从云贵地区飞往该区域主要目的地。

从云贵地区主要客源省市旅游流细化分析来看（见表4-2），云南和贵州均是其重要客源地。

当以云南作为客源地时，云南流向广东的旅游流流量相对最大，每天有42架次的航班从云南飞往广东；其次是流向上海，每天有35架次的航班；再次是流向北京，每天有28架次的航班从云南飞往北京。而仅从航班架次来看，云南流向河北和福建的旅游流流量相对最小，每天仅有5架次的航班从云南飞往两地。

当以贵州作为客源地时,贵州流向长三角经济区的旅游流流量相对最大,每天有 13 架次的航班分别从贵州飞往上海、江苏和浙江;其次是流向广东,每天有 12 架次的航班;再次是流向四川,每天有 11 架次的航班从贵州飞往四川。而仅从航班架次来看,贵州流向云南的旅游流流量相对最小,每天仅有 1 架次的航班从贵州飞往云南。

(二)中尺度旅游客流分析

中尺度旅游客流分析主要是指区域内部、周边省份以及省级内部各城市的旅游流,一般物理距离均在 100~500 千米。在此主要选择内部流动较大的环渤海经济区、长三角经济区以及珠三角经济区等几个区域进行分析(见表 4-3)。

1. 环渤海经济区内部旅游流

从环渤海经济区内部来看,北京作为我国经济、政治和文化中心,无疑是环渤海内部最大的一个客源地,也是最主要的目的地。天津作为我国重要的直辖市,也是我国重要的客源地和目的地。在河北省内,北戴河改造完工的火车站于 2011 年开始投入运营,考虑到北戴河是环渤海地区的主要旅游目的地,所以将其也纳入统计范围。对于山东来说,由于其经济在全国发展水平较高,其各个地级市均可作为重要的客源地。而对于目的地来说,选择山东旅游业发展较好的地级市作为目的地,具体选择济南、青岛、威海、烟台、潍坊和济宁。

当以北京作为客源地时(见表 4-3),整体上可以看出,北京流向天津和石家庄的旅游流流量最大,每天分别有 168 次、159 次列车从北京发往天津和石家庄,这一方面反映出京津冀的经济关联性,另一方面表明了天津和石家庄是北京在环渤海经济区最主要的目的地;我们将秦皇岛、北戴河作为旅游流考察目的地,从北京到两地便利的交通在某种程度上促进了两地旅游人数的增加;对于北京流向山东的旅游流来说,其中流量相对最大的城市为济南,每天有 103 次列车从北京发往济南。与 2015 年年底数据相比,以北京作为客源地时,旅游流流向无明显变化,但旅游流流量总体上均有所增加。从增长的幅度来看,济南的旅游流流量增幅最大,整体到河北旅游流流量增幅最大。

表 4-3 环渤海经济区内部旅游流分析

客源地		目的地→ 北京	天津	河北					山东					
				石家庄	承德	北戴河	秦皇岛	保定	济南	青岛	威海	烟台	潍坊	济宁
北京		—	168	159	7	30	45	98	103	15	2	5	21	2
天津		172	—	52	2	26	70	33	80	15	2	5	21	0
河北	石家庄	155	50	—					10	3	0	1	4	0
	唐山	46	99						26	7	0	1	8	0
	北戴河	24	19						7	1	0	0	1	0
	秦皇岛	40	74						19	3	0	1	4	0
	邯郸	47	24						2	1	0	0	1	0
	邢台	53	20						2	1	0	0	1	0
	保定	95	35						2	0	0	0	0	0
	张家口	27	6						1	1	0	0	1	0
	承德	7	2						0	0	0	0	0	0
	沧州	44	57						73	13	2	5	19	0
	廊坊	36	24						25	5	0	3	8	0
	衡水	21	28						8	3	0	1	4	2
山东	济南	98	84	10	0	9	21	1	—					
	青岛	12	14	3	0	3	6	0						
	威海	3	2	0	0	0	0	0						
	烟台	5	4	1	0	0	0	0						
	日照	2	2	0	0	0	0	0						
	淄博	19	19	4	0	3	6	0						
	枣庄	24	19	2	0	1	4	0						
	东营	1	1	0	0	0	0	0						
	潍坊	20	20	4	0	3	6	0						

续表

客源地	目的地	北京	天津	河北					山东					
				石家庄	承德	北戴河	秦皇岛	保定	济南	青岛	威海	烟台	潍坊	济宁
山东	济宁	2	0	0	0	0	0	0	—						
	泰安	28	32	5	0	4	10	0							
	滨州	1	1	0	0	0	0	0							
	德州	51	65	17	1	9	17	0							
	聊城	15	17	10	0	1	6	0							
	临沂	2	2	0	0	0	0	0							
	菏泽	15	19	7	0	1	7	0							
	莱芜	0	0	0	0	0	0	0							

注：查询地址：http://kyfw.12306.cn/otn/leftTicket/init. 列车时间为2017-04-28，周五。

当以天津作为客源地时，可以看出，天津流向北京的旅游流流量最大，每天有172次列车从天津发往北京，北京是天津在环渤海经济区最主要的目的地，也就是说，在环渤海经济区，北京和天津的相互关联性较大；对于天津流向河北的旅游流来说，其中流量相对最大的城市为秦皇岛，由2015年的56次上升到了2017年的70次，而天津流向北戴河的旅游流流量为26次，这表明天津前往秦皇岛的旅游流大于到北戴河的旅游流；对于天津流向山东的旅游流来说，其中流量相对最大的城市为济南，每天有80次列车从天津发往济南。与2015年年底数据相比，以天津作为客源地时旅游流流向无明显变化，但旅游流流量总体上均有所增加。从增长的幅度来看，流向河北的旅游流流量增幅最大，每天增加了73次的列车，流向石家庄和秦皇岛的旅游流流量增幅次之，分别增加了31次、14次。总之，在环渤海内部，北京仍为天津旅游流流量最大客源地，而流向河北的旅游流流量高于流向天津的旅游流流量。

当以河北作为客源地时，可以看出，河北流向北京的旅游流流量相对最大，每天有155次列车从河北省会石家庄发往北京；河北流向天津的旅游流流量次之，每天有 99 次列车从河北唐山发往天津，这反映了京津冀一体化战略的良好开展与落实；对于河北流向山东的旅游流来说，每天有 73 次列车从河北沧州发往山东济南。与 2015 年年底数据相比，在环渤海内部，北京仍为河北旅游流流量最大客源地，且增幅最大，流向天津的旅游流流量略高于流向山东的旅游流流量，但流向山东的客流量增幅略大于流向天津的客流量增幅。

当以山东作为客源地时，可以看出，山东流向天津的旅游流流量相对最大，每天分别有 84 次、65 次列车从山东济南、德州发往天津；山东流向北京的旅游流流量次之，每天分别有 98 次、51 次列车从山东济南、德州发往北京；对于山东流向河北的旅游流来说，其中流量相对较大的城市是石家庄、北戴河和秦皇岛地区，共有 40 次列车从济南开往这三个地区。与 2015 年年底数据相比，在环渤海经济区内部，以山东作为客源地时，旅游流流向变化很大，北京超越天津成为山东旅游流流量最大客源地，天津为山东第二大旅游流流量，但流量在这一年内有所下降，流向河北的旅游流流量相对最小，也有所降幅，这表明山东旅游客源市场的活力还有待进一步挖掘。

从环渤海经济区内部旅游流总体来看（见表 4-4），当以北京为客源地时，北京流向河北的旅游流流量相对最大，其次是流向天津的旅游流流量，最后是流向山东的旅游流流量。当以天津为客源地时，天津流向河北的旅游流流量相对最大，其次是流向北京的旅游流流量，最后是流向山东的旅游流流量。当以河北为客源地时，河北流向北京的旅游流流量相对最大，其次是流向天津的旅游流，最后是流向山东的旅游流流量。当以山东为客源地时，山东流向北京的旅游流相对最大，其次是流向天津的旅游流流量，最后是流向河北的旅游流流量。

表 4-4 环渤海经济区内部旅游流总体分析

客源地＼目的地	北京	天津	河北	山东
北京	—	168（+3）	339（+174）	148（+24）
天津	172（+4）	—	183（+73）	123（+3）
河北	595（+27）	432（+112）	—	280（+21）
山东	298（+28）	281（-4）	182（-2）	—

总体来看，在环渤海经济区内部，每天河北发往北京的列车流量最多，说明河北流向北京的旅游流是环渤海经济区内部最主要旅游流，而天津流向山东的旅游流流量在环渤海内部是最小的。与2015年年底数据相比，环渤海经济区内部旅游流向有明显变化，仍以河北流向北京为第一大旅游流，河北流向天津成为第二大旅游流，北京流向河北居第三位。而且，环渤海经济区的旅游流流量均有大幅度增加，其中北京流向河北的流量增加最多，增加了174车次的流量，山东流向天津和河北的车次有所下降，分别下降了4次和2次。

2. 长三角经济区内部旅游流

从长三角经济区内部来看（见表4-5），上海作为我国经济中心和国际化大都市，无疑是长三角内部最大的一个客源地，也是最主要的目的地。江苏作为东部沿海省份，经济较为发达，其各个地级市均可作为重要的客源地，而就目的地来说，选择江苏著名的旅游城市作为目的地，具体选择南京、苏州和扬州。同样是东部沿海城市的浙江经济也较为发达，各个地级市均可作为重要的客源地，而对于目的地来说，选择浙江著名的旅游城市作为目的地，包括杭州、宁波和绍兴。

表4-5 长三角经济区内部旅游流分析

客源地	目的地	上海	江苏			浙江		
			南京	苏州	扬州	杭州	宁波	绍兴
上海		—	281	237	0	182	57	48
江苏	南京	277				120	38	35
	苏州	246				41	16	15
	扬州	0		—		0	0	0
	常州	175				29	14	13
	连云港	2				1	0	0
	无锡	184				32	15	14
	泰州	0				0	0	0
	徐州	105				53	14	13
	镇江	130				22	10	9

续表

客源地	目的地	上海	江苏			浙江		
			南京	苏州	扬州	杭州	宁波	绍兴
浙江	杭州	176	121	41	0			
	宁波	51	40	17	0			
	温州	47	42	13	0			
	绍兴	45	34	15	0		—	
	嘉兴	130	27	28	0			
	金华	53	34	5	0			
	衢州	46	17	9	0			
	台州	26	18	8	0			
	丽水	15	19	2	0			

注：查询地址：http://kyfw.12306.cn/otn/leftTicket/init. 列车时间为2017-04-28，周五。

当以上海为客源地时，可以看出，上海流向南京的旅游流流量最大，每天有281次列车从上海发往江苏省会南京，237次列车从上海发往江苏苏州。对于上海流向浙江的旅游流来说，客流量相对最大的城市是杭州，每天有182次列车从上海发往浙江省会杭州。与2015年年底数据相比，在长三角经济区内部，以上海作为客源地时旅游流流向无明显变化，流向江苏的旅游流流量仍然大于流向浙江的旅游流流量，但两省差距进一步加大，即上海流向江苏南京和苏州的旅游流流量增幅最大，分别为41次、23次列车，而流向浙江的旅游流增幅较小，平均增幅为7次。

当以江苏作为客源地时，可以看出江苏流向上海的旅游流流量最大，每天有277次列车从江苏省会南京发往上海，有246次列车从苏州发往上海。对于江苏流向浙江的旅游流来说，流量相对最大的城市是杭州，每天有120次列车从江苏省会南京发往浙江省会杭州。与2015年年底数据相比，在长三角经济区内部，以江苏作为客源地时旅游流流向没有变化，流向上海的旅游流流量仍然最大，且增幅较大为65次，其次是流向浙江，增幅为56次。

当以浙江作为客源地时，可以看出，浙江流向上海的客流量最大，每天有

176次列车从浙江省会杭州发往上海。对于浙江流向江苏的旅游流来说，客流量相对最大的城市是南京，每天有121次列车从浙江杭州发往江苏南京。与2015年年底数据相比，在长三角经济区内部，以浙江作为客源地时，旅游流流向基本没有变化，流向上海的流量仍居第一位，其次是流向江苏，但流向江苏的旅游流流量增幅大于流向上海。

从长三角经济区内部旅游流总体来看（见表4-6），当以上海为客源地时，上海流向江苏的旅游流流量相对最大，其次是流向浙江的旅游流流量。当以江苏为客源地时，江苏流向上海的旅游流流量相对最大，其次是流向浙江的旅游流流量。当以浙江为客源地时，浙江流向上海的旅游流流量相对最大，其次是流向江苏的旅游流流量。

表4-6　长三角经济区内部旅游流总体分析

客源地＼目的地	上海	江苏	浙江
上海	—	518（+63）	287（+22）
江苏	1119（+65）	—	504（+56）
浙江	589（+34）	490（+90）	—

总体来看，在长三角经济区内部，每天江苏流向上海的旅游流流量相对最大，是长三角经济区内部最主要的旅游流，而上海流向浙江的旅游流流量在长三角内部最小。与2015年年底数据相比，长三角经济区内部旅游流流向没有变化，仍以江苏流向上海为第一大旅游流，浙江流向上海为第二大旅游流，上海流向江苏为第三大旅游流；但在流向结构上，浙江流向江苏的客流量上升幅度较大。

3.泛珠三角经济区内部旅游流

从泛珠三角经济区内部来看（见表4-7），广东经济发达，无疑是泛珠三角经济区内部最大的一个客源地，也是最主要的目的地。福建各地级市均可作为重要的客源地，而对于目的地来说，选取旅游业发展较好的地级市，具体选择福州和厦门。广西各地级市也可作为重要的客源地，而对于目的地来说，选取旅游业发展较好的地级市，具体选择南宁和桂林。

表 4-7 泛珠三角经济区内部旅游流分析

客源地	目的地	广东			福建		广西	
		广州	深圳	珠海	福州	厦门	南宁	桂林
广东	广州	—			0	4	58	38
	深圳				24	46	4	5
	韶关				0	0	0	1
	佛山				0	1	3	0
	江门				0	0	0	0
	湛江				0	0	2	2
	茂名				0	1	3	0
	肇庆				0	1	36	22
	惠州				23	40	1	0
	梅州				0	2	1	0
	河源				0	2	1	0
	东莞				0	2	1	0
福建	福州	0	24	0	—		0	0
	厦门	2	44	0			1	0
	漳州	2	30	0			1	0
	龙岩	2	3	0			1	0
	三明	0	2	0			0	0
	南平	0	3	0				
广西	南宁	58	4	2	0	1	—	
	柳州	12	2	0	0	0		
	桂林	38	5	2	0	0		
	贵港	45	1	1	0	1		
	玉林	8	3	0	0	1		
	百色	18	1	1	0	1		
	来宾	8	1	0	0	0		
	崇左	0	0	0	0	0		

注：查询地址：http://kyfw.12306.cn/otn/leftTicket/init. 列车时间为 2017-04-28，周五。

当以广东作为客源地时，可以看出，广东流向广西的旅游流流量相对最大，其中流量最大的是每天有 58 次列车从广东省广州发往广西南宁；对于广东流向福建的旅游流来说，客流量相对最大的城市是厦门，每天分别有 46 次、40 次列车从广东深圳和惠州发往厦门。与 2015 年年底数据相比，在泛珠三角经济区内部，以广东作为客源地时旅游流流向和旅游流流量变化较明显。一方面，广东惠州和深圳作为两个新兴的主要客源地，流向福建的旅游流流量增幅较大；另一方面，广东广州作为主要的旅游客源地，流向广西的旅游流流量增幅较大。

当以福建作为客源地时，可以看出，福建流向广东的旅游流流量相对最大，其中最大的流量是厦门开往深圳的列车每天有 44 次；对于福建流向广西的旅游流来说，2017 年，由福建到桂林的列车减少到 0，流向南宁的流量基本保持不变。与 2015 年年底数据相比，在泛珠三角经济区内部，以福建作为客源地时，旅游流流向和旅游流流量变化不太明显，流向广东的流量增幅较小，而流向广西的流量略有减少。

当以广西作为客源地时，可以看出，广西流向广东的旅游流流量相对最大，每天有 45 次列车从广西贵港发往广东省会广州，有 58 次列车从广西省会南宁发往广州；对于广西流向福建的旅游流来说，客流量相对最大的城市是厦门。与 2015 年年底数据相比，在泛珠三角经济区内部，以福建作为客源地时，旅游流流向和旅游流流量变化不明显，流向广东的流量增幅较小，南宁流向广州的旅游流增加 17 次，成为广西流向广东的第一大流，仍然是区域内主要流向，而流向福建的流量略有减少，流向福州的旅游流减少到 0。

从泛珠三角经济区内部旅游流总体来看（见表 4-8），当以广东为客源地时，广东流向广西的旅游流流量相对较大，其次是流向福建的旅游流流量。当以福建为客源地时，福建流向广东的旅游流流量相对较大，其次是流向广西的旅游流流量。当以广西为客源地时，广西流向广东的旅游流流量相对较大、其次是流向福建的旅游流流量。

表 4-8 泛珠三角经济区内部旅游流总体分析

客源地 \ 目的地	广东	福建	广西
广东	—	146（+20）	178（+29）
福建	112（+21）	—	3（−4）
广西	210（+33）	4（−2）	—

总体来看，广西流向广东的旅游流流量相对最大，是泛珠三角经济区内部的最主要旅游流，广东流向广西和福建的旅游流位居第二、第三，而广西流向福建和福建流向广西的旅游流流量在珠三角经济区内最小。与2015年年底数据相比，旅游流流量较大的几个旅游流都有较大的增幅，且较均衡；而旅游流流量较小的旅游流反而有所下降，流量更小。

4. 中部六省之间的旅游流

中部六省包括河南、湖北、湖南、安徽、山西和江西。其中经济相对较发达的是湖北、湖南和河南，其他三省相对比较落后，所以选取湖北、湖南和河南3个省份的各地级市作为重要的客源地。而对于目的地来说，湖北、湖南、河南和安徽的旅游业发展得相对较好，所以选取这4个省份的旅游业发展相对较好的地级市作为目的地，湖北省具体选择武汉、宜昌和十堰，湖南省具体选择长沙、张家界和衡阳，河南省具体选择郑州、开封、洛阳，安徽省具体选择合肥、黄山和池州。

当以湖北为客源地时，可以看出，湖北流向湖南的旅游流流量相对最大，其中客流量相对最大的城市是长沙，每天有149次列车从湖北省会武汉发往湖南省会长沙；对于湖北流向河南的旅游流来说，客流量相对最大的城市是郑州，每天有119次列车从湖北省会武汉发往河南省会郑州；对于湖北流向安徽的旅游流来说，客流量相对最大的城市是合肥，每天有51次列车从湖北省会武汉发往安徽省会合肥。与2015年年底数据相比，在中部六省之间，以湖北作为客源地时，旅游流流向基本没有变化，旅游流流量小幅度增加，其中以湖北流向河南的旅游流流量增幅最大。

当以湖南作为客源地时，可以看出，湖南流向湖北的旅游流流量相对最大，其中客流量相对最大的城市是武汉，每天会有148次列车从湖南省会长沙发往湖北省会武汉；对于湖南流向河南的旅游流来说，其中客流量相对最大的城市是郑州，每天有82次列车从湖南省会长沙发往河南省会郑州；对于湖南流向安徽的旅游流来说，其中客流量相对最大的城市是合肥，每天有9次列车从湖南长沙发往合肥。与2015年年底数据相比，在中部六省之间，以湖南作为客源地时，旅游流流向基本没有变化，旅游流流量变化较小，其中以湖南流向湖北的旅游流流量增幅最大。

当以河南作为客源地时，可以看出，河南流向湖北的旅游流流量相对最大，其中客流量相对最大的城市是武汉，每天有120次列车从河南省会郑州发往湖北省会武汉；对于河南流向湖南的旅游流来说，客流量相对最大的城市是长沙，每天有83次列车从河南省会郑州发往湖南省会长沙；对于河南流向安徽旅游流来说，客流量相对最大的城市是合肥，每天有14次列车从河南商丘发往安徽省会合肥。与上一年度相比，在中部六省之间，以河南作为客源地时，旅游流流向基本没有变化，旅游流流量大幅度增加，其中以河南流向湖北的旅游流流量增幅最大。

表4-9 中部六省之间旅游流（列车次数）

客源地	目的地	湖北			湖南			河南			安徽		
		武汉	宜昌	十堰	长沙	张家界	衡阳	郑州	开封	洛阳	合肥	黄山	池州
湖北	武汉	—			149	1	76	119	6	20	51	0	0
	黄石				0	0	0	3	0	1	0	0	0
	十堰				3	0	3	8	3	0	3	0	0
	宜昌				10	2	6	9	0	0	19	0	0
	襄阳				10	5	9	13	3	6	4	0	0
	荆州				5	0	3	6	0	0	17	0	0
	荆门				5	5	5	2	0	3	0	0	0
	鄂州				0	0	0	2	0	1	0	0	0
	孝感				20	0	12	21	0	4	1	0	0
	黄冈				1	0	0	1	0	0	0	0	0
	咸宁				61	0	33	23	5	2	4	0	0
	随州				3	0	3	1	0	2	1	0	0
	恩施				6	0	4	7	0	0	15	0	0
湖南	长沙	148	9	3	—			82	5	17	9	2	0
	株洲	40	6	3				17	3	8	3	2	3
	湘潭	9	0	0				6	1	0	1	1	1
	衡阳	77	5	3				34	3	12	4	2	2
	邵阳	7	0	0				4	2	0	2	1	0

续表

客源地	目的地	湖北			湖南			河南			安徽		
		武汉	宜昌	十堰	长沙	张家界	衡阳	郑州	开封	洛阳	合肥	黄山	池州
湖南	岳阳	103	4	2	—			52	5	13	6	0	0
	张家界	1	1	0				2	0	2	0	0	0
	益阳	1	4	1				1	0	2	0	0	0
	常德	1	4	1				1	0	2	0	0	0
	娄底	14	0	0				11	1	1	3	2	1
	郴州	68	5	3				30	3	10	3	2	0
	永州	14	0	0				11	0	1	1	0	2
	怀化	20	2	0				17	2	3	2	2	1
河南	郑州	120	8	8	83	2	38	—			10	2	0
	洛阳	21	0	1	18	2	13				7	1	0
	商丘	16	1	3	10	0	5				14	2	0
	安阳	29	3	2	15	2	7				0	0	0
	南阳	2	0	4	1	2	7				2	0	0
	开封	8	0	3	5	0	2				7	0	0
	平顶山	6	1	8	4	2	4				2	0	0
	焦作	1	0	1	0	1	0				0	0	0
	新乡	30	1	4	17	2	9				0	0	0
	鹤壁	18	0	1	10	1	5				0	0	0
	许昌	58	2	0	36	1	17				0	0	0
	漯河	68	2	1	41	1	25				1	0	0
	三门峡	12	0	0	9	0	7				4	0	0
	信阳	90	2	1	56	1	32				12	0	0
	周口	3	0	0	1	0	1				0	0	0
	驻马店	74	4	0	50	1	34				2	0	0
	济源	1	0	1	0	0	0				0	0	0

从中部六省内部旅游流总体来看（见表4-10），当以湖北省为客源地时，湖北流向湖南的旅游流流量相对最大，其次是流向河南的旅游流，最后是流向安徽的旅游流。当以湖南为客源地时，湖南流向湖北的旅游流流量相对最大，其次是流向河南的旅游流，最后是流向安徽的旅游流。当以河南为客源地时，河南流向湖北的旅游流流量相对最大，其次是流向湖南的旅游流，最后是流向安徽的旅游流。

表4-10 中部六省内部旅游流总体分析

目的地 客源地	湖北	湖南	河南	安徽
湖北	—	440（+26）	272（+5）	115（+14）
湖南	559（+16）	—	364（+57）	58（-6）
河南	619（+77）	580（+63）	—	66（+21）

总体来看，河南流向湖北的旅游流流量相对最大，是中部六省之间最主要的旅游流，河南流向湖南的旅游流流量紧随其后，而湖南流向安徽的旅游流量在中部六省内部是最小的。与2015年年底数据相比，中部六省之间旅游流流向有明显变化，河南流向湖北的旅游流流量跃居第一，河南流向湖南和湖南流向湖北的旅游流是第二、第三大旅游流，中部六省之间旅游流总体流量有所增加，其中河南流向湖北的旅游流流量增幅最大，湖南与湖北、河南与湖北、河南与湖南之间的旅游流流量增幅较大，这表明河南、湖南、湖北三省之间的经济关联开始越来越密切。

二、旅游流通道便捷度

（一）旅游流通道便捷指数

旅游流通道便捷指数主要是指旅游流在通道中流动时的便利快捷程度。该指数的大小主要与目的地之间航班次数、列车班次以及旅游流通道长度有很大关系，为了更好地反映出旅游流通道的便捷度，借助通道便捷指数公式对各区域旅游流进行计算。具体公式如下：

$$J = \frac{H \cdot \gamma + L \cdot \sigma + G \cdot \chi + D\varepsilon + \cdots}{R}$$

其中，J 表示旅游交通便捷指数；H 表示航班次数；L 表示列车次数；G 表示旅游大巴班次；D 表示地铁等城市有轨列车班次；…表示其他交通方式的次数；R 表示北京与对流省市之间的物理距离；其中 γ、σ、χ、ε 均表示待定系数。

旅游流通道长度主要是指旅游流空间流动轨迹的长度。由于省际旅游流通道长度即为航空距离，因此旅游流通道长度选取航空距离。将距离 800 千米以内的省市划分为近距离对流省市，将距离在 801~1500 千米省市定为中距离对流省市，将距离在 1500 千米以上作为远距离对流省市。

旅游流通道广度是指目的地之间旅游流流动时各种有效可替代交通方式的种类，其中有效可替代交通方式是指在便利程度和快捷程度方面相当的交通方式。一般来说，可替代交通方式越多，旅游通道的广度越广；可替代性交通方式越少，旅游流通道的广度越窄。对于国际入境旅游流来说，可替代性相对较弱，绝大多数旅游流仅能依靠航空方式。而对于省际旅游流来说，除了航空方式外，还可选择铁路作为替代工具。对于区内旅游流通道来说，除了以上各种交通方式外，还有国道、省道以及旅游专线等作为替代。对于市区的旅游流通道来说，其可替代的交通方式最多。总体来看，空间尺度越小，旅游流通道的广度越广。具体到近距离旅游通道宽度，由于游客对铁路便捷性的心理感知要强于航空，所以分别对 γ 取值 10，对 σ 取值为 15，即旅游流通道宽度用 H10+L15 来计算；对于中距离旅游流通道宽度来说，由于游客对航空和铁路的便捷度心理感知差异不大，所以对 γ 和 σ 平均取值为 10，即旅游流通道宽度用 H10+L10 来计算；对于远距离旅游流通道宽度来说，由于游客对航空的便捷度感知要远远大于铁路，所以分别对 γ 取值 15，对 σ 取值为 5，即旅游流通道宽度用 H15+L5 来计算。

根据旅游流通道便捷指数计算公式对各经济区之间的旅游流通道便捷度进行计算。

（二）旅游流通道便捷度分析

1. 以环渤海经济区为客源地的旅游流通道便捷度分析

在环渤海经济区，北京的经济实力最强，旅游业发展得也最好，因此选取北京作为环渤海经济区的代表。从北京流向环渤海经济区内部来看（见表4-11），北京流向天津的旅游流通道便捷度大于流向河北的旅游流通道便捷度，而北京流向河北的旅游流通道便捷度大于流向山东的旅游流通道便捷度；从北京流向长三角经济区来看，北京流向上海的旅游流通道便捷度大于流向江苏的旅游流通道便捷度,而北京流向江苏的旅游流通道便捷度大于流向浙江的旅游流通道便捷度;从北京流向珠三角经济区来看,北京流向广东的旅游流通道便捷度大于流向福建的旅游流通道便捷度;从流向中部地区来看,北京流向河南的旅游流通道便捷度大于流向山西的旅游流通道便捷度,北京流向山西的旅游流通道便捷度大于流向湖北的旅游流通道便捷度,北京流向湖北的旅游流通道便捷度大于流向湖南的旅游流通道便捷度,北京流向湖南的旅游流通道便捷度大于流向安徽的旅游流通道便捷度;从北京流向其他地区来看,北京流向东北地区的旅游流通道便捷度大于流向成渝地区的旅游流通道便捷度,北京流向成渝地区的旅游流通道便捷度大于流向云贵地区的旅游流通道便捷度。

从省际通道便捷度总体来看,北京流向天津的旅游流通道便捷度最大,旅游流通道便捷指数为21.75。然后依次是河北、山东、河南和辽宁;而北京流向福建和云南地区的旅游流通道便捷度最小,旅游流通道便捷指数为0.11和0.19。

从区域通道便捷度总体来看,以环渤海经济区为客源地时,环渤海经济区流向东北地区的旅游流通道便捷度相对最大,旅游流通道便捷指数为1.23;其次是流向中部地区的旅游流通道便捷度较大,旅游流通道便捷指数为0.62;再次是流向长三角经济区的旅游流通道便捷度,旅游流通道便捷指数为0.85;而环渤海经济区流向云贵地区和珠三角经济区的旅游流通道便捷度最小,旅游流通道便捷指数仅为0.19,流向成渝地区的旅游流通道便捷度较小,旅游流通道便捷指数分别为0.40。

表4-11 以环渤海经济区为客源地的旅游流通道

北京流向		通道长度(千米)	航班次数(次/天)	列车次数(次/天)	通道广度	省际通道便捷指数	区域通道便捷指数
环渤海	天津	120	0	174	2610	21.75	11.97
	河北	392	0	162	2430	6.20	
	山东	412	0	104	1560	3.79	
长三角	上海	1178	52	44	960	0.81	0.62
	浙江	1200	21	17	380	0.32	
	江苏	981	11	62	710	0.72	

续表

北京流向		通道长度（千米）	航班次数（次/天）	列车次数（次/天）	通道广度	省际通道便捷指数	区域通道便捷指数
珠三角	广东	1967	30	14	520	0.26	0.19
	福建	1681	9	9	180	0.11	
中部地区	河南	690	1	101	1525	2.21	0.85
	湖南	1446	14	35	490	0.34	
	湖北	1133	13	56	690	0.62	
	安徽	959	4	19	230	0.24	
	山西	522	2	29	455	0.87	
东北地区	辽宁	649	8	48	800	1.23	1.23
成渝地区	四川	1630	41	6	645	0.40	0.40
云贵地区	云南	2266	28	6	450	0.19	0.19

注：查询地址：http://flight.elong.com/.http://kyfw.12306.cn/otn/leftTicket/init. 航班时间为2017-04-28，周五。

2. 以长三角经济区为客源地的旅游流通道便捷度分析

在长三角经济区，上海的经济实力最强，旅游业发达，因此选取上海作为长三角经济区的代表（见表4-12）。从流向长三角内部来看，上海流向浙江的旅游流通道便捷度大于流向江苏的旅游流通道便捷度；从流向环渤海经济区来看，上海流向山东的旅游流通道便捷度大于流向北京的旅游流通道便捷度，上海流向北京的旅游流通道便捷度大于流向天津的旅游流通道便捷度，上海流向天津的旅游流通道便捷度大于流向河北的旅游流通道便捷度；从流向珠三角经济区来看，上海流向福建的旅游流通道便捷度大于流向广东的旅游流通道便捷度；从流向中部地区来看，上海流向安徽的旅游流通道便捷度大于流向湖北的旅游流通道便捷度，上海流向湖北的旅游流通道便捷度大于流向河南的旅游流通道便捷度，上海流向河南的旅游流通道便捷度大于流向湖南的旅游流通道便捷度，上海流向湖南的旅游流通道便捷度大于流向山西的旅游流通道便捷度；从流向其他地区来看，上海流向成渝地区的旅游流通道便捷度大于流向云贵地区的旅游流通道便捷度。

上海流向云贵地区的旅游流通道便捷度大于流向东北地区的旅游流通道便捷度。

从省际通道便捷度总体来看，上海流向浙江的旅游流通道便捷度最大，旅游流通道便捷指数为19.89，然后依次是江苏、安徽、山东和福建。而上海流向山西的旅游流通道便捷度最小，旅游流通道便捷指数为0.14。

从区域通道便捷度总体来看，以长三角经济区为客源地时，长三角经济区流向中部地区的旅游通道便捷度相对最大，旅游流通道便捷指数为0.71；其次是流向珠三角经济区的旅游通道便捷度，旅游流通道便捷指数为0.61；再次是流向环渤海经济区的旅游通道便捷度，旅游流通道便捷指数为0.57；而长三角经济区流向东北地区的旅游通道便捷度最小，旅游流通道便捷指数仅为0.23，流向成渝地区和云贵地区的旅游流通道便捷度较小，旅游流通道便捷指数分别为0.33和0.25。

表4-12 以长三角经济区为客源地的旅游流通道

上海流向		通道长度（千米）	航班次数（次/天）	列车次数（次/天）	通道广度	省际通道便捷指数	区域通道便捷指数
环渤海	北京	1178	49	46	950	0.81	0.57
	天津	1133	16	36	520	0.46	
	河北	1130	7	11	180	0.16	
	山东	852	4	68	720	0.85	
长三角	浙江	138	0	183	2745	19.89	17.82
	江苏	273	1	286	4300	15.75	
珠三角	广东	1308	41	11	520	0.40	0.61
	福建	678	12	29	555	0.82	
中部地区	河南	887	14	38	520	0.59	0.71
	湖南	964	16	29	450	0.47	
	湖北	761	17	35	695	0.91	
	安徽	412	2	58	590	1.43	
	山西	1238	10	7	170	0.14	
东北地区	辽宁	1364	21	10	310	0.23	0.23

续表

上海流向		通道长度（千米）	航班次数（次/天）	列车次数（次/天）	通道广度	省际通道便捷指数	区域通道便捷指数
成渝地区	四川	1782	36	8	580	0.33	0.33
云贵地区	云南	2042	32	7	515	0.25	0.25

注：查询地址：http://flight.elong.com/．http://kyfw.12306.cn/otn/leftTicket/init．航班时间为2017-04-28，周五。

3. 以珠三角经济区为客源地的旅游流通道便捷度分析

在珠三角经济区，广东的经济实力最强，旅游业最发达，因此选取广东作为珠三角经济区的代表（见表4-13）。从珠三角流向环渤海地区来看，广东流向北京的旅游流通道便捷度大于流向天津和山东的旅游流通道便捷度，广东流向天津和山东的旅游流通道便捷度大于流向河北的旅游流通道便捷度。从流向长三角地区来看，广东流向上海的旅游流通道便捷度大于流向浙江的旅游流通道便捷度，广东流向浙江的旅游流通道便捷度大于流向江苏的旅游流通道便捷度。从流向中部地区来看，广东流向湖南的旅游流通道便捷度大于流向湖北的旅游流通道便捷度，广东流向湖北的旅游流通道便捷度大于流向河南的旅游流通道便捷度，广东流向河南的旅游流通道便捷度大于流向安徽的旅游流通道便捷度，广东流向安徽的旅游流通道便捷度大于流向山西的旅游流通道便捷度。从流向其他地区来看，广东流向成渝地区的旅游流通道便捷度大于流向云贵地区的旅游流通道便捷度，广东流向云贵地区的旅游流通道便捷度大于流向东北地区的旅游流通道便捷度。

从省际通道便捷度总体来看，广东流向湖南的旅游流通道便捷度最大，旅游流通道便捷指数为3.98，然后依次是湖北、上海和浙江，而广东流向山西的旅游流通道便捷度最小，旅游流通道便捷指数为0.07。

从区域通道便捷度总体来看，以珠三角经济区为客源地时，珠三角经济区流向中部地区的旅游流通道便捷度最大，旅游流通道便捷指数为1.19；其次是流向长三角经济区的旅游流通道便捷度，旅游流通道便捷指数为0.61；再次是流向成渝地区的旅游流通道便捷度，旅游流通道便捷指数为0.50；而珠三角经济区流向东北地区的旅游流通道便捷度相对最小，旅游流通道便捷指数为0.15，流向环渤海经济区的旅游流通道便捷度较小，旅游流通道便捷指数为0.27。

表4-13 以珠三角经济区为客源地的旅游流通道

广东流向		通道长度（千米）	航班次数（次/天）	列车次数（次/天）	通道广度	省际通道便捷指数	区域通道便捷指数
环渤海	北京	1967	66	14	1060	0.54	0.27
	天津	1910	26	7	425	0.22	
	河北	1822	6	20	190	0.10	
	山东	1664	23	4	365	0.22	
长三角	上海	1308	104	11	1150	0.88	0.61
	浙江	1099	50	12	620	0.56	
	江苏	1255	46	4	500	0.40	
珠三角	福建	763	10	0	100	0.13	0.13
中部地区	河南	1389	26	39	650	0.47	1.19
	湖南	620	5	161	2465	3.98	
	湖北	873	17	93	1100	1.26	
	安徽	1105	11	6	170	0.15	
	山西	1722	7	2	115	0.07	
东北地区	辽宁	2672	26	5	415	0.15	0.15
成渝地区	四川	1390	62	8	700	0.50	0.50
云贵地区	云南	1357	40	19	590	0.43	0.43

注：查询地址：http://flight.elong.com/.http://kyfw.12306.cn/otn/leftTicket/init. 航班时间为2017-04-28，周五。

4. 以中部地区为客源地的旅游流通道便捷度分析

在中部地区，湖南的经济实力稍强，旅游业发展也相对较好，因此选取湖南作为中部地区的代表（见表4-14）。从流向中部地区内部来看，湖南流向湖北的旅游流通道便捷度大于流向河南的旅游流通道便捷度，而湖南流向河南的旅游流通道便捷度大于流向安徽和山西的旅游流通道便捷度。从流向环渤海地区来看，湖南流向河北的旅游流通道便捷度大于流向北京的旅游流通道便捷度，湖南流向北京的旅游流通道便捷度大于流向山东和天津的旅游流通道便捷度。从流向长三角地区来看，湖南流向浙江的旅游流通道便捷度大于流向上海的旅游流通道便捷度，湖南流向上海的旅游流通道便捷度大于流向江苏的旅游流通道便捷度。从流向珠三角地区来看，湖南流向广东的旅游流通道便捷度大于流向福建的旅游流通道便捷度。从流向其他地区来看，湖南流向云贵地区的旅游流通道便捷度大于流向成渝地区的旅游流通道便捷度，湖南流向成渝地区的旅游流通道便捷度大于流向东北地区的旅游流通道便捷度。

从省际通道便捷度总体来看，湖南流向湖北的旅游流通道便捷度最大，旅游流通道便捷指数为7.00。然后依次是广东、河南、浙江和上海，而湖南流向辽宁的旅游流通道便捷指数最小，旅游通道便捷指数为0.07。

从区域通道便捷度总体来看，以中部地区为客源地时，中部地区内部的旅游流通道便捷度大，旅游流通道便捷指数为2.07，其次是中部地区流向珠三角经济区的旅游流通道便捷度较大，旅游流通道便捷指数为1.97，最后是流向长三角的旅游流通道便捷度较大，旅游流通道便捷指数为0.47。而中部地区流向东北地区的旅游流通道便捷度相对最小，旅游流通道便捷指数为0.07；其次是流向成渝地区的旅游流通道便捷度较小，旅游流通道便捷指数为0.15。

表4-14 以中部地区为客源地的旅游流通道

湖南流向		通道长度（千米）	航班次数（次/天）	列车次数（次/天）	通道广度	省际通道便捷指数	区域通道便捷指数
环渤海	北京	1446	14	38	520	0.36	0.25
	天津	1353	9	7	160	0.12	
	河北	1249	1	46	470	0.38	
	山东	1228	6	9	150	0.12	
长三角	上海	964	16	29	450	0.47	0.47
	浙江	805	6	42	480	0.60	
	江苏	799	11	11	275	0.34	
珠三角	广东	620	5	152	2330	3.76	1.97
	福建	743	5	5	125	0.17	

续表

湖南流向		通道长度（千米）	航班次数（次/天）	列车次数（次/天）	通道广度	省际通道便捷指数	区域通道便捷指数
中部地区	河南	828	0	82	820	0.99	2.07
	湖北	317	0	148	2220	7.00	
	安徽	641	0	9	135	0.21	
	山西	1174	8	1	90	0.08	
东北地区	辽宁	2194	9	3	150	0.07	0.07
成渝地区	四川	940	8	6	140	0.15	0.15
云贵地区	云南	1116	11	28	390	0.35	0.35

注：查询地址：http://flight.elong.com/.http://kyfw.12306.cn/otn/leftTicket/init. 航班时间为2017-04-28，周五。

5. 以东北地区为客源地的旅游流通道便捷度分析

在东北地区，辽宁的经济实力较强，旅游业发展得也相对较好，因此选取辽宁作为东北地区的代表（见表4-15）。从流向环渤海地区来看，辽宁流向北京的旅游流通道便捷度大于流向天津的旅游流通道便捷度，辽宁流向天津的旅游流通道便捷度大于流向山东的旅游流通道便捷度，辽宁流向山东的旅游流通道便捷度大于流向河北的旅游流通道便捷度。从流向长三角地区来看，辽宁流向上海的旅游流通道便捷度大于流向江苏的旅游流通道便捷度，而辽宁流向江苏的旅游流通道便捷度大于流向浙江的旅游流通道便捷度。从流向珠三角地区来看，辽宁流向广东的旅游流通道便捷度略大于流向福建的旅游流通道便捷度。从流向中部地区来看，辽宁流向河南的旅游流通道便捷度大于流向山西的旅游流通道便捷度，辽宁流向山西的旅游流通道便捷度大于流向湖北的旅游流通道便捷度，辽宁流向湖北的旅游流通道便捷度大于流向湖南和安徽的旅游流通道便捷度。从流向其他地区来看，辽宁流向成渝地区的旅游流通道便捷度大于流向云贵地区的旅游流通道便捷度。

从省际通道便捷度总体来看，辽宁流向北京的旅游流通道便捷度最大，旅游流通道便捷指数为1.28。然后依次是天津、山东、上海；而辽宁流向湖南和四川的旅游流通道便捷度较小，旅游流通道便捷指数均为0.07。

从区域流通道便捷指数来看,东北地区流向环渤海经济区的旅游流通道便捷度较大,旅游流通道便捷指数为 0.69;其次是流向长三角的旅游流通道便捷度较大,旅游流通道便捷指数为 0.15。而东北地区流向云贵地区的旅游流通道便捷度最小,旅游流通道便捷指数均为 0.05。

表 4-15 以东北地区为客源地的旅游流通道

辽宁流向		通道长度（千米）	航班次数（次/天）	列车次数（次/天）	通道广度	省际通道便捷指数	区域通道便捷指数
环渤海	北京	649	8	50	830	1.28	0.69
	天津	829	0	78	780	0.94	
	河北	974	2	18	200	0.21	
	山东	900	5	23	280	0.31	
长三角	上海	1364	21	10	310	0.23	0.15
	浙江	1849	9	6	165	0.09	
	江苏	1630	10	15	225	0.14	
珠三角	广东	2672	27	5	430	0.16	0.10
	福建	2042	4	2	70	0.03	
中部地区	河南	1339	8	15	230	0.17	0.08
	湖南	2191	9	3	150	0.07	
	湖北	1859	7	8	145	0.08	
	安徽	1608	1	1	20	0.01	
	山西	1171	5	6	110	0.09	
成渝地区	四川	2346	11	2	175	0.07	0.07
云贵地区	云南	2935	10	2	160	0.05	0.05

注：查询地址：http://flight.elong.com/.http://kyfw.12306.cn/otn/leftTicket/init. 航班时间为 2017-04-28,周五。

6. 以成渝地区为客源地的旅游流通道便捷度分析

在成渝地区,四川的经济实力较强,旅游业发展得也相对较好,因此选取四川作为成渝地区的代表（见表4-16）。从流向环渤海地区来看，四川流向北京的旅游流通道便捷度大于流向河北和天津的旅游流通道便捷度，四川流向河北和天津的旅游流通道便捷度大于流向山东的旅游流通道便捷度。从流向长三角地区来看，四川流向上海的旅游流通道便捷度大于流向浙江的旅游流通道便捷度，四川流向浙江的旅游流通道便捷度大于流向江苏的旅游流通道便捷度。从流向珠三角地区来看，四川流向广东的旅游流通道便捷度大于流向福建的旅游流通道便捷度。从流向中部地区来看，四川流向湖北的旅游流通道便捷度大于流向河南的旅游流通道便捷度，四川流向河南的旅游流通道便捷度大于流向湖南的旅游流通道便捷度，四川流向湖南的旅游流通道便捷度大于流向安徽的旅游流通道便捷度，四川流向安徽的旅游流通道便捷度大于流向山西的旅游流通道便捷度。从流向其他地区来看，四川流向云贵地区的旅游流通道便捷度大于流向东北地区的旅游流通道便捷度。

从省际通道便捷度总体来看，四川流向云南的旅游流通道便捷度最大，旅游流通道便捷指数均为0.49，然后依次是广东、北京、上海和湖北。而四川流向福建的旅游流通道便捷度最小，旅游流通道便捷指数均为0.05；其次是流向山西的旅游流通道便捷度较小，旅游流通道便捷指数为0.06。

从区域流通道便捷度总体来看。以成渝地区为客源地时，成渝地区流向云贵地区的旅游流通道便捷度最大，旅游流通道便捷指数为0.49，其次是流向珠三角地区的旅游流通道便捷度较大，旅游流通道便捷指数为0.27，再次是流向长三角经济区的旅游流通道便捷度较大，旅游流通道便捷指数均为0.23。而成渝地区流向东北地区的旅游流通道便捷度最小，旅游流通道便捷指数仅为0.07，其次是流向环渤海经济区的旅游流通道便捷度较小，旅游流通道便捷指数为0.17。

表4-16 以成渝地区为客源地的旅游流通道

四川流向		通道长度（千米）	航班次数（次/天）	列车次数（次/天）	通道广度	省际通道便捷指数	区域通道便捷指数
环渤海	北京	1630	42	6	660	0.40	0.17
	天津	1640	10	3	165	0.10	
	河北	1357	4	9	130	0.10	
	山东	1419	10	1	110	0.08	

续表

四川流向		通道长度（千米）	航班次数（次/天）	列车次数（次/天）	通道广度	省际通道便捷指数	区域通道便捷指数
长三角	上海	1782	41	8	655	0.37	0.23
	浙江	1699	18	5	295	0.17	
	江苏	1618	11	11	220	0.14	
珠三角	广东	1390	59	8	670	0.48	0.27
	福建	1771	5	2	85	0.05	
中部地区	河南	1039	13	12	250	0.24	0.18
	湖南	940	7	6	130	0.14	
	湖北	1047	9	28	370	0.35	
	安徽	1392	4	9	130	0.09	
	山西	1173	4	3	70	0.06	
东北地区	辽宁	2346	11	2	175	0.07	0.07
云贵地区	云南	711	25	6	340	0.49	0.49

注：查询地址：http://flight.elong.com/.http://kyfw.12306.cn/otn/leftTicket/init. 航班时间为 2017-04-28，周五。

从全国范围来看，上海流向长三角内部的旅游流通道便捷度最高，便捷度指数是17.82，其次是北京流向环渤海内部的旅游流通道便捷度较高，便捷度指数是11.97，湖南流向中部地区内部、湖南流向珠三角经济区、北京流向东北地区、广东流向中部地区的旅游流通道便捷度也较高，便捷度指数均不小于1。而辽宁流向云贵地区的旅游流通道便捷度最低，便捷度指数仅为0.05，四川流向东北地区、辽宁流向成渝地区、湖南流向东北地区的旅游流通道便捷度次之，便捷度指数均仅为0.07。从这一结果来看，旅游流通道便捷度的高低与物理距离呈负相关关系，与经济发达程度和交通便利程度则有着正相关关系。

三、旅游交通发展促使"快旅慢游"格局形成

众所周知,旅游业的发展与旅游交通的进步密不可分。而旅游交通的发展不仅是影响城市旅游业发展的重要因素,更是旅游业发展的一支强有力的助推剂。纵观古今中外,旅游交通的每一次突破所带来的无不是旅游业的跨越式发展。

快旅慢游,让旅行不再是"赶场子"。出门为"旅",鉴赏为"游",两者合一就是旅游。以往的旅游,受"旅途"所累,人们并没有真正享受旅游。旅游要发展,交通必先行。由低空旅游、铁路、高速公路、景区环线等组成的现代旅游交通路网,让旅游目的地与客源地的距离越来越近。

(一)航空网络下(低空旅游)的旅游合作新格局

低空旅游即通用航空旅游,是指人们在低空空域(在我国原则上是指真高1000米以下的垂直范围),依托通用航空运输及通用航空器所从事的旅游、娱乐和运动,如商务会议、观光旅游、休闲度假、冒险体验、体育娱乐等。低空旅游的典型运营模式主要有三类:第一类是以单一通航运营企业为主体,以低空旅游增加飞行量和业务收入。这种模式多在某一景点或城市开展一条或多条线路的游览。由于目前国内低空旅游业务量有限,这类游览业务或季节性开展(如青海湖游览),或与培训等业务搭配开展(如天津拓航、北京精功),或采用包机模式预约后飞行(如华彬天星),并由运营企业与专业渠道商合作进行推广。多数情况下,低空旅游仅是运营企业诸多业务中的一种,换言之,单一的低空旅游业务尚难支撑一家运营企业甚至一架飞机的专门投入。第二类是以集团化运作的通航企业为主体,以游览业务促进飞机销售或地产开发。这种模式下,开展低空旅游业务的企业往往附属于某大型集团(如正阳集团旗下的金汇通航在上海黄浦江及厦门厦金湾开展的游览业务),使用的机型往往为集团代理,航空器性能好、舒适度高,但游览收费单价普遍偏低(如 AW109 单座价格仅为 580 元人民币),有时仅能覆盖变动成本,但通过游览业务的开展带来的航空器销售或地产开发收益则能够覆盖其亏损并带来收益。第三类是以旅游景区或旅游公司为主体的低空旅游开发。由于目前我国低空旅游规模偏小,但旅游业发展成熟,"通航+旅游"的模式下通航企业往往要遵从旅游业的游戏规则,因此由旅游企业为主体开发低空项目更为适宜。如纽约直升机公司的空中游览市由景点与直升机运营商、旅游公司联合组成营销团队,在各大商场、酒

店、景点、地铁宣传推广。首航直升机在大连、长白山、盘锦等地区开展空中游览业务，也与景区合作，由景区购买保底小时后进行渠道推广和销售。但由于各地对低空游览的认知度不高，这种模式在国内还未普及。

我国低空旅游产业未来发展将呈现以下趋势：一是空间网络化布局。以城市或景区为核心的点状发展转向"城市—景区—城市"为主的网络化发展格局，区域之间的联动发展成为大势所趋。二是产品体验化发展。随着低空旅游的发展，低空飞行器本身的吸引力将弱化，回归载体和通道的功能，主题活动将成为关系低空旅游发展的核心要素。低空旅游产品将由观光产品向运动体验、衍生主题消费产品升级。三是组织专业化。专业化的服务机构成为产业发展的核心动力。对于运营机构而言，导入专业旅游策划机构，策划有吸引力的旅游产品，将成为低空旅游产品开发的主要方式；对于消费者而言，依托协会、俱乐部等组织，培育消费爱好和专业技能，激活低空旅游消费市场，将是低空旅游消费市场拓展的关键。

要发展好低空旅游，首先要突出抓好低空旅游产品营销。除纳入常规旅游线路和线上线下产品外，重点通过低空旅游服务管理系统，进行"通航＋旅游＋互联网"跨界整合模式，打造全方位立体低空旅游营销体系，尽快实现国内"一键起飞"的营销模式。低空旅游项目规划建设，首先要注重产品的丰富多彩，市场盈利模式清晰，投资进入方便快捷，用市场化手段配置资源；其次要做好低空旅游产业发展规划，从规划的源头上实现与通航产业规划对接融合；再次要引导在4A级以上旅游景区，省级以上度假区以及有规模的温泉、高尔夫和游艇、邮轮码头等优质旅游资源规划周边发展通航产业；最后要着重做好通用航空与旅游产业最佳结合点——旅游航空小镇的规划建设。

（二）高铁网络下的旅游合作新格局

热带雨林中的一只蝴蝶，偶尔扇动几下翅膀，两周后可能引发美国得克萨斯州的一场龙卷风。这样的"蝴蝶效应"在经济全球化的今天经常会出现。如今，这只蝴蝶叫"高铁"。2016年7月13日，国家发展改革委、交通运输部和铁路总公司正式印发《中长期铁路网规划》。《中长期铁路网规划》勾画了新时期"八纵八横"的高速铁路网，并提出到2025年中国高铁里程数将达到3.8万公里。这将再次改变中国城市的力量格局。

高铁时代来临，改变的不仅仅是速度。这只正在振翅的"蝴蝶"已经改变了旅游生态。旅客因为旅途时间减少，可以腾出更多时间游山玩水、品味文化、体会意境。他们花费在旅途中的时间越来越短，留在景区景点的时间越来越长。这种旅游方式被称为"快旅慢游"。交通也罢，旅游也罢，互联互通是前提。然而在高铁时代，"交通+旅游"演绎的是"快旅慢游"的新景象。再没有谁比愚公后人更渴望路的畅通了，尤其是对快速铁路的渴望异常强烈。

毋庸置疑，高铁所体现出来的"快旅慢游"优势，在改变旅游交通格局模式的同时，也有效地促进了旅游市场的健康发展。不仅激活了交通运输市场更好的良性竞争，最终让旅客获益；还使旅游目的地加快旅游产业的优化升级，丰富旅游产品结构和实施接待服务类旅游项目。如此，才能借助"快旅慢游"的高铁旅游模式，不断提高旅游产业所带来的综合效益，从而助推旅游业的跨越式发展。

拓展区域旅游发展的新格局。高铁的陆续开行，带来了旅游空间的一场革命，不仅有利于激发居民出游，也创新了旅游开发和市场营销的传统理念。一是城际旅游市场一体化。高铁拉近了、融合了区域关系，使城市之间、地区之间的旅游发展，由传统的松散型、概念性合作，变为实质性的同城化、一线式合作。如京沪高铁在东部沿海地区造就了京津冀、长三角、山东半岛联动的全新"旅游三圈"，让山东等地跻身京沪"一日游"旅游圈（济南到北京约1.5小时，到上海约2.5小时）；广珠城际铁路构建了真正意义上的"珠三角一小时经济圈"，把珠海、中山、江门等紧密融入。二是城乡旅游市场紧密化。高铁所连贯的数百、上千公里沿线的停靠站点，形成了多点辐射、点线相连、连线成网的市场格局。如沪杭高铁开通后，途经上海市闵行、松江、金山区和浙江省嘉兴、杭州市，全线所设的9座车站，直接辐射和带动了松江、乌镇、海宁、嘉兴、宋城等散客游。三是东中西部旅游市场贯通化。高铁大大缩短了地理上的空间阻隔，昔日遥不可及的中西部，目前一天、一昼夜即可抵达。如郑西高铁把郑州至西安由6小时多压缩为2小时以内，宁汉渝蓉客运专线将南京到成都的路程压缩为8小时，使华东客源地到成都仅要10小时左右。由此而缩短的游客心理距离，有利于拉近与中西部的市场空间，为中西部市场开发增添了活力，并最终为旅游业的"中部崛起""西部大开发"带来战略性影响。

（三）高速公路网络下的旅游合作新格局

自驾游已逐渐成为时下热门的旅游方式，因此高速公路就成为旅途中不期而遇的"风景"。高速公路网络是旅游发展的重要保障，依托高速公路发展旅游经济是必然选择。近年来，我国旅游行业与高速公路系统围绕旅游发展开展了一系列合作，如举办旅游节会活动，节假日发布高速公路动态，依托高速公路服务区、收费站等区域发布旅游景区景点信息，完善高速公路沿线景区标识标牌，等等，取得了较好的合作共赢效益，为进一步深化旅游业与高速公路交通体系的全方位合作，发挥高速公路的重要纽带与通道作用，促进旅游要素的整合与信息共享，推动旅游经济的快速发展起到了重要作用。"高速+旅游"不是简单的叠加，而是以利益为纽带，以共赢为目标，跨界融合，产业联合，是在价值基础上形成的产业链条。高速公路是旅游发展的命脉，高速公路修到哪里，旅游大发展的春风就吹到哪里。旅游与高速的合作既能推动自驾旅游、房车旅游等业态发展，又能为交通运输开发客源市场。

在相关政策推动下，"十三五"期间，高速公路将与旅游业之间开展更融合、开放的合作。一是完善路网结构，形成旅游环线；二是打造线上线下新态势，在线上，开展"乐享高速"电商活动，在线下，在服务区修建展示厅，宣传当地旅游资源；三是打造超级服务区，与周边景区联动起来；四是增加宣传方式，包括电子情报板、各收费站的 LED 显示屏、服务区宣传片展示、ETC 用户优惠推广等。

近年来，我国旅游行业与高速公路系统围绕旅游发展开展了一系列合作：一是加大旅游线路宣传品、旅游商品、ETC 产品及智慧旅游服务产品等在高速服务区、收费站的宣传推广；二是组织高速公路沿线区县旅游部门和景区在高速服务区、收费站等场所开展"高速带你去旅游"系列宣传推广活动；三是双方在各自运营数据、营运信息等方面进行交互共享，在节假日及客流高峰期，联合发布高速公路、景区景点、道路连接线运行信息。通过一系列的合作，充分发挥了高速公路与旅游业的优势互补作用。

（四）旅游交通配套设施下的旅游发展新格局

目前，全国各地对于旅游交通标识标牌体系建设明显重视起来。如宁夏回族自治区维护更新高速公路、国省干线、农村公路、城市道路及旅游公路出入口设置的 328 块旅游景点标志牌和指路标识，全区主干道路沿线千里绿色旅游长廊基本形成，成为展示"塞上江南美丽宁夏"的一道亮丽风景线。

我国在《关于促进交通运输与旅游融合发展的若干意见》中有两处重点提到旅游交通配套设施：一是加强旅游交通基础设施统筹规划，进一步强化规划引领作用，加强旅游交通基础设施发展规划编制，统筹考虑交通、游憩、娱乐、购物等旅游要素和旅游资源开发，构建"快进""慢游"的综合旅游交通网络。

积极将观景台、旅游标识标牌等设施与交通基础设施统一规划、设计，充分体现区域人文特征及旅游特色，实现旅游交通标志规范、清晰明确、易识别。二是完善普通公路旅游服务设施。以国省干线公路服务区试点建设为契机，鼓励在路侧空间富裕路段设置驿站、简易自驾车房车营地、观景台、厕所等设施。根据需要在农村公路沿线增设简易驿站、港湾式停车带和观景台。具备条件的道班可探索配套建设旅游停车场、驿站、简易自驾车房车营地等设施。加大景区和乡村旅游点停车场建设力度，鼓励在干线到旅游景区之间增设停车场并实现景区接驳服务。

强化旅游交通配套，完善旅游交通基础设施建设服务功能。在加快旅游公路建设的同时，结合旅游产业跨越发展需要，在旅游线路辐射区域配套建设旅游厕所、旅游服务中心、旅游候车亭、旅游交通标识牌等公共服务设施建设，加大旅游公路沿线绿化美化和环境综合整治，进一步改善旅游环境，不断提高旅游服务水平。

第五章
国内旅游节假日市场特征

2007年11月9日起，国家法定节假日调整研究小组公开在网上征集对国家法定节假日调整方案的意见。根据这一方案，2007年12月，国务院将国家法定节假日由10天增加为11天，三个黄金周保留两个，取消一个，同时将除夕、清明节、端午节和中秋节四个民族传统节日纳入国家法定节假日。新方案调整后，只剩下春节和"十一"两大黄金周，清明节、端午节、中秋节等民族传统节日各休一天，加上周末的两天休假，则成了3天的中短假期。这样，每年将出现2个集中休假高峰——春节（7天）、国庆（7天）以及5个集中休假小高峰——元旦（3天）、清明（3天）、五一（3天）、端午（3天）、中秋（3天），出现了法定节假日与周末连休3天的小长假、黄金周和个人带薪休假并存的新局面。

法定节假日对旅游经济有一种非常强的促进作用，我国当前的旅游假日经济效应非常明显。法定节假日调整后，对旅游者的消费需求产生了极大的影响。小长假的中国法定节假日增加势必使长线游、短线游的比例发生新的变化，人们将更加倾向于选择短线就近出游。在新的节假日方案中，中秋节、清明节这些传统节日使人们旅行出游时将更倾向于选择与这些传统节日相关联的线路。由于"五一"黄金周的取消，长线旅游受到一定程度的抑制。

调整后的法定节假日，对旅游产品也将产生较大的影响。中国有许多地区还保持着一些长达百年以上的重大节日民俗文化传统，如清明假日，不少地方就结合清明扫墓踏青的风俗，推出了有特色的系列民俗活动，如放风筝、荡秋千、寻根祭祖等。高速公路网的建设、健全以及家用汽车数量的快速增长，大大提高了人们短程、短期旅行的便利程度，周末（小黄金周）出游、城郊游等短途旅行将更为便捷、更为频繁。对旅行社而言，最明显的就是其长短线产品结构的调整，大城市1000公里以内的郊区游、农家游、周边游等国内游将大规模上升。

第五章　国内旅游节假日市场特征
Chapter 5　Market Characteristics of China Domestic Tourism Holidays

一、假日旅游市场增长速度依然较快

假日旅游是当前我国旅游市场的一大热点，2016年我国国内旅游在节假日期间均有较快的发展，其中市场规模及旅游收入均保持着10%左右的增长率。七大节假日期间，全国共接待游客总量14.08亿人次，约占全国国内旅游市场的32%，仅春节、国庆和清明三大节日，旅游收入就达到了8863亿元，占全年收入的22.5%，可以推测出七大节日所占比例达到40%左右。

（一）3天小长假市场规模不断增长

2016年元旦期间，由于2016年官方媒体并未发布假日游客接待量数据，项目组根据其他几个节日年均增长率对2016年元旦期间旅游市场接待量进行了倒推。据统计，2017年元旦期间，中国共接待游客1.2亿人次，累计旅游收入679亿元，根据项目组判断，2017年元旦期间旅游规模同比增长约为10.3%，累计旅游收入同比增长约为12.1%。故可以算出，2016年元旦期间全国共接待游客1.1亿人次，累计旅游收入约为621亿元。

2016年清明期间，全国旅游市场共接待游客0.93亿人次，实现旅游总收入390亿元。清明出游以公路为主，铁路共计发送旅客约3502万人次，京津冀、长三角等地的短途列车上座率相对较高。

2016年五一期间，全国主要旅游目的地迎来接待高峰。湖北省纳入旅游监测系统的26个重点景区共接待游客158.17万人次，实现旅游总收入1.66亿元，同比分别增长12.18%和13.11%。其中，神农架接待17.2万人次，同比增长32%；四川省成都市接待游客824.7万人次，同比增长6.2%，旅游总收入89.89亿元，同比增长25.4%。

2016年端午期间，北京市旅游活动丰富，节日气氛浓厚，旅游秩序良好。3天假期，北京市160家重点监测景区累计接待游客410万人次，比上年同期增长2.5%。其中，历史文化观光型景区接待游客159.5万人次，同比增长10.4%；城市公园型景区接待游客107.7万人次，同比增长1.8%；现代娱乐型景区接待游客33.1万人次，同比增长6.2%。重庆市在2016年端午节期间共接待境内外游客727.11万人次，同比增长12.35%；实现旅游收入30.55亿元，同比增长13.27%。其中，接待国内游客721.08万人次，同比增长12.36%；接待入境游客6.03万人次，同比增长6.35%。

2016年中秋节期间，全国各地旅游活动丰富多彩，赏月主题旅游产品备受青睐,假日休闲氛围浓郁,市场运行平稳有序。和2015年中秋节相比,2016年短途周边游和国内游成为中秋出游主力,超过6成游客选择拼假错峰出行。2016年中秋假期全国主要旅游目的地迎来接待高峰。节日期间,除福建等沿海省市受台风影响旅游人数明显下降外,全国其余大部分地区天气良好,迎来旅游出行高峰。北京市纳入旅游监测系统的170家主要景区累计接待游客387万人次,其中故宫累计接待游客17.4万人次;乡村旅游依然是北京居民休闲度假的主要选择,累计接待民俗旅游人数93.8万人次。贵州省共接待游客1155.51万人次;旅游总收入达70.98亿元,其中包括黄果树景区在内的9个景区,小长假期间接待游客数量均超过10万人次。

(二)七天长假市场规模均创历史新高

2016年春节假日七天,全国假日旅游消费需求增势明显,旅游活动丰富多彩,出游人数、旅游收入双双走高,旅游过年渐成时尚。根据国家旅游局数据中心综合测算,2016年春节期间,全国共接待游客3.02亿人次,比上年同期增长15.6%;实现旅游收入3651亿元,按可比口径增长16.3%;其中过夜游客7086万人次,人均消费3054元。北京、天津、承德、秦皇岛、沈阳、大连、长春、吉林、哈尔滨、上海、南京、无锡、苏州、杭州、宁波、黄山、厦门、南昌、瑞金、青岛、洛阳、武汉、长沙、张家界、韶山、广州、深圳、桂林、海口、三亚、重庆、成都、广安、贵阳、遵义、昆明、西安、延安、银川等39个重点旅游城市,共接待游客1.12亿人次,其中过夜游客为2172万人次,一日游游客为9000万人次。

2016年国庆假日七天,全国大部分地区天气条件良好,适宜游客出行,旅游市场保持繁荣。根据国家旅游局数据中心综合测算,国庆期间,全国共接待游客5.93亿人次,同比增长12.8%,累计旅游收入4822亿元,同比增长14.4%。具体每天的游客接待量及旅游收入见表5-1。

表5-1 2016年国庆七天旅游市场情况

日期	接待游客		旅游收入	
	规模(亿人次)	同比增长	收入(亿元)	同比增长
10月1日	1.02		860.7	
10月2日	1.04	12.5%	845	16.1%
10月3日	1.08	14.3%	880	15.1%

续表

日期	接待游客		旅游收入	
	规模（亿人次）	同比增长	收入（亿元）	同比增长
10月4日	1.01	13.5%	813	14.6%
10月5日	0.83	10.7%	665	13.3%
10月6日	0.6	11.1%	475	12.8%
10月7日	0.36	12.5%	287	13.4%

二、假日旅游消费行为受假期长度、气候气温、空间距离影响明显

总体来看，我国假日旅游目的地的选择差异较大，主要表现为气候导向性、空间导向性以及距离衰减规律等。其中，3天假期的旅游市场主要以近郊游为主，而7天长假的旅游空间则大幅提升，中远距离比例显著提升。另外，冬季期间的元旦、春节假日，旅游者偏向去南部避寒旅游和北部冰雪旅游；夏季则偏向去东部滨海旅游。具体每个节日的旅游目的地表现如下。

（一）3天小长假主要以近距离休闲旅游为主

1. 元旦假期近郊乡村休闲游为主要目的地

2016年元旦假日期间，受元旦假期时长和高速不免费政策限制，元旦期间游客出行仍以中短线旅游为主，休闲游、乡村游、近郊游受到热捧，其中短线游客1.03亿人次，中长线游客0.07亿人次。元旦期间，华东、华北地区遭遇大面积严重雾霾天气，航班、高铁等主要出游途径受到不同程度影响。国家旅游局相关负责人表示，各地民众出游热情依然高涨。各地旅游产品供给丰富，短途游、长线游选择多样，全国旅游市场规模不断扩大，出游人数不断提升。此外，越来越多的游客选择拼假出游。用带薪年假和元旦假期拼为一个长假，使得国人有了更多的出游选择。进入冬季，北方地区气温逐渐走低，避寒游受到追捧，呈现出快速增长的趋势。空气清新、气候温暖的目的地最受北方游客的欢迎，如昆明、杭州、上海、南京、无锡、厦门、三亚、海口、丽江、桂林等城市。元旦首日，三亚市进出港旅客10.3万人次，同比增长7.7%。

2. 阖家出游、踏青赏花、驱车自驾的近郊旅游成为清明假日的特色

清明期间，出游以公路为主，京津冀、长三角等地的短途列车上座率相对较高，说明旅游者仍以近郊游为主。假日期间，全国大部分地区暖意融融，适宜出行。假日前两天，多数地区天气晴好、阳光普照，群众出游热情高涨，各地景区迎来2016年春季首个游客高峰，假日第三天，部分地区有雨，但大多数短途游客已踏上返程。清明假日，万物复苏、百花争艳，踏青赏花成为游客选择的新亮点，除传统的油菜花、桃花主题外，樱花、郁金香、梅花、映山红、牡丹花、杜鹃花等赏花线路也人气高涨。长线方面，以观光为目的的出游向休闲游、品质游转变，三亚、杭州、厦门、成都等具有休闲特质的目的地城市成为游客的热门选择。从出游方式看，短途游客以自驾游为主，不少长线游客也热衷于落地自驾。几大租车平台统计数据显示，清明期间的租车出行人次较2015年同期有快速增长。

3. 五一假期以中短途旅游目的地为主

2016年五一假日期间，全国旅游市场主要以中短途旅游为主。多家在线旅游企业数据显示，国内游方面，三亚、厦门、昆明、丽江、桂林、北京、九寨沟、成都、西安、张家界位列"五一"热门目的地前十，其中前往三亚、厦门等地的游客多来自上海及周边地区；广州、深圳的游客更愿意前往昆明、丽江、九寨沟；北京及周边地区的游客则喜欢前往长三角一带。中、短途游是"五一"假期游客出行的普遍选择。

4. 近郊乡村民俗游成为端午假期主要选择

2016年端午假期，各地节日氛围浓厚，游客出游热情高涨，假日旅游市场稳中向好。由于端午期间气候宜人，而且正逢瓜熟杏黄时节，众多市民选择中短途的旅游，尤其是城郊休闲游。众多城市居民选择走向自然，参与到樱桃、黄杏、甜瓜等采摘旅游活动中，吃农家饭、住农家屋、做农家活、享农家乐成为不少端午节旅游者的首选。大量游客涌入了城郊优美的景区景点，参加各郊区推出的各种节庆活动，品味传统习俗，呼吸清新的空气，欣赏优美的环境，放松身心、融入自然。

怀柔区作为北京的近郊旅游热点，汤河村满族民俗风情节有声有色，全区民俗游人数35.45万人，同比增长6.8%；民俗游收入6930万元，同比增长4.6%。房山十渡景区的高山漂流项目和周口店的泥泞跑比赛，吸引了众多爱好者参与体验区，民俗游人数22.2万人，同比增长7.1%；民俗游收入2274.2万元,同比增长 5.3%。大兴区世界月季洲际大会和大兴西瓜节两节相逢,民俗旅游接待人数同比增长 246%。顺义区第二十五届北京国际燕京啤酒文化节、奥林匹克水上公园的"北京市端午文化节龙舟赛"和"顺义礼物"系列产品推出等活动丰富了顺义乡村旅游,接待游客人数同比增长 441%。

5. 中秋假期中短途赏月旅游成为首选

据研究,2016 年中秋三天假期,半数以上的出游需求为周边游。国内长线游(出游距离超过 300 公里)目的地主要有三亚、厦门、北京、张家界等。受季节影响,在中秋小长假前后的国内长线游需求中,秋游线路的出游人数占比达到了 18% 的水平,环比有较大幅度上升,比较热门的秋游目的地主要有九寨沟、大连、内蒙古等。

温泉、主题乐园、生态游、宗教寺庙、古村镇等是中秋假期期间最热门的旅游主题。随着天气转凉,温泉度假区正在成为人们节日期间周边休闲的热门选项。

(二)中远距离的休闲度假游成为七天长假旅游主力

1. 避寒及冰雪旅游目的地受春节假期市场欢迎

2016 年春节期间,由于 2022 年冬奥会花落中国,冰雪旅游受到青睐,北方大部分地区游客人数呈现两位数增长。辽宁省共接待游客 1584 万人次,同比增长 10.6%,旅游总收入 112.2 亿元,同比增长 11.7%;新疆共接待游客 151.4 万人次,同比增长 20.06%,旅游总收入 16.1 亿元,同比增长 21.97%;新疆生产建设兵团共接待游客 54.8 万人次,同比增长 30%,旅游总收入 5 亿元,同比增长 42%;宁夏游客接待量和旅游总收入分别同比增长 31.01% 和 43.47%。与此同时,南方大部分地区气象条件适宜出行,避寒旅游从海南向西南各省区扩展。广西共接待游客 1499 万人次,同比增长 29.6%,旅游总收入 77.9 亿元,同比增长 45.5%;贵州共接待游客 1984.57 万人次,同比增长 28.1%,旅游总收入 85.63 亿元,同比增长 32.5%。河北省张家口市崇礼区充分利用冬奥会带来的契机,举办老少皆宜的冰雪赛事、冰雪嘉年华、冰灯民俗节和"家庭娱雪"亲子互动等活动,让游客提前享受冬奥氛围。辽宁省盘锦市的大洼、盘山、辽东湾等地通过举办"回姥姥家过大年""外国留学生过中国年""听妈妈讲小时候的游戏"等一系列"住民宿快乐过大年"活动,吸引了大批游客前来体验。湖南省批量推出的八大温泉康体养生旅游备受游客青睐,在春节期间十分火爆。山东省沂源县的神农药谷吸引大批游客前来体验。

2. 国庆假期主要选择

根据铁路部门统计，2016年国庆假日前后10天，全国铁路发送旅客1.08亿人次，同比增长9.3%，创历年国庆假期运输新高。假日期间，北京、天津、海南等传统国庆长线旅游目的地旅游接待人次和收入稳步提升。北京市10月1日至7日共接待游客1119.5万人次，同比下降2.8%，旅游总收入84亿元，同比增长1.1%；天津市10月1日至7日共接待游客805.98万人次，同比增长5.5%，旅游总收入77.07亿元，同比增长12.8%。海南省10月1日至7日进港54.4万人，同比增长23.23%，进港车辆3.56万辆，同比增长43.03%。湖北、湖南等中部省份天气较好，适宜游客出行，旅游接待人次和收入大幅增长。湖北省10月1日至7日共接待游客3623.6万人次，同比增长20.1%，旅游总收入258.3亿元，同比增长22.3%；湖南省10月1日至7日共接待游客4383.57万人次，同比增长16.51%，旅游总收入235.65亿元，同比增长16.89%。同时，在"一带一路"政策的带动下，丝路旅游经济发展迅速，内蒙古、甘肃、新疆等省（区）旅游市场迎来井喷。内蒙古自治区10月1日至7日共接待游客853.16万人次，同比增长21.49%，实现旅游收入60.25亿元，同比增长28.98%；甘肃省10月1日至7日共接待游客1137.5万人次，同比增长22.5%，实现旅游收入70.63亿元，同比增长26.8%；新疆维吾尔自治区10月1日至7日共接待游客601.6万人次，同比增长12.8%，实现旅游收入41.05亿元，同比增长42%。

三、2016年假日旅游市场新特征不断涌现

（一）拼假错峰出行成为新趋势

2016年中秋假期距离国庆黄金周有近两周的时间，不少消费者的秋季出游需求通过拼假在中秋节前后得到释放。根据同程旅游网的统计，节前拼假及错峰出游从9月10日即迎来出游高峰，节前出游的总体占比高达54.4%，节后错峰出游的占比达6.5%，选择拼假错峰出行的游客占比超过6成。2016年端午假期，带薪休假实现"拼假"远行，长线游稳中有升也成为一大特点。因端午假期时间安排，一部分游客选择"拼假"方式，安排三天年假与周末及端午假期拼成长达8天的出行假期。据携程等旅游网站出游统计，最流行拼假出游的前五名城市分别为广州、深圳、杭州、南京、苏州。拼假游客主要集中在长线旅

游，国内最受欢迎的长线目的地为厦门、三亚、重庆。

（二）旅游消费换代升级，休闲度假受到青睐

随着经济发展和国民收入增加，旅游消费个性化、特色化、休闲化、品质化、多样化更加明显，带动旅游休闲度假、康体养生等产品供给不断优化，长线游、过夜游、民俗游受到欢迎。

（三）举家出行旅游成为新假日旅游重要方式

举家出游成为不少群众过年的新选择。2016年除夕当天，全国即迎来出游高峰，旅游接待总人数5050万人次，同比增长10.4%，实现旅游收入590亿元，同比增长13.3%。各地景区一改往年春节假期首日冷清的景象，实现了开门红，1月27日当天，甘肃省接待国内外游客86.05万人次，实现旅游收入5.2亿元，两项指标分别比上年同期增长22.1%和25.9%；湖南省纳入全省假日监测的72个重点景区（点）接待游客56.04万人次，实现旅游收入4666万元，同比分别增长48.5%和66.49%。海南省当天全省进港15万人次，同比增长25%。

网络大数据显示，2016年清明小长假期间在家庭游、亲子游带动下，上海迪士尼乐园、北京故宫、北京颐和园、上海东方明珠广播电视塔、广州长隆野生动物世界、深圳世界之窗等景区假日期间游客接待量在全国名列前茅。

（四）短途自驾是假日旅游的首要交通方式

从出游方式看，短途游客以自驾游为主，不少长线游客也热衷于落地自驾。几大租车平台统计数据显示，假日期间的租车出行人次较2015年同期有快速增长。数据显示，中秋三天假期，半数以上的出游需求为周边游。国内长线游（出游距离超过300公里）目的地主要有三亚、厦门、北京、张家界等。受季节影响，在中秋小长假前后的国内长线游需求中，秋游线路的出游人数占比达到了18%，环比有较大幅度上升，比较热门的秋游目的地主要有九寨沟、大连、内蒙古等。

（五）乡村休闲度假是当前假日旅游主要动机

以2016年端午节为例，据旅游网站大数据统计，假日期间选择城市周边短途旅游的游客人数增长明显，乡村农家乐、古镇客栈、度假酒店等接待游客火爆，旅游体验舒适度、旅游公共服务设施水平、旅游目的地软环境等成为广大游客出游时优先考虑的条件，北京、苏州、杭州、常州、南京、上海、厦门、广州、青岛、无锡是假日期间周边游市场最热的前十位城市。

（六）主题化节日活动深受旅游者喜爱

由于我国的节假日均具有一定的主题，所以相关的主题活动深受旅游者喜爱，如端午节是我国传统节日之一，有赛龙舟、吃粽子等纪念伟大诗人屈原的各种习俗活动。为了庆祝传统佳节，各区纷纷组织具有节日特色的旅游文化活动，吸引了大批中外游客参观体验，营造了浓浓的节日氛围。

中秋期间，许多景区推出了赏月主题旅游产品，如束河古镇主打"雪山映明月"；乌镇"水中望月"别具意境；周庄"南湖秋月"更是耳熟能详；同里古镇"小桥流水明月"则充分体现了江南水乡的风韵；怀远古镇的民俗祭月活动更是让游客体验了传统的民俗文化。

清明假日期间，各地积极推动并引导旅游行业打造旅游新产品和新线路，组织丰富多彩的旅游活动，以满足广大游客日益增长的旅游需求。河南省为游客提供了一场生态旅游盛宴，以踏青、赏花、采摘、吃农家菜为主要内容的乡村休闲游受到游客青睐，成为旅游市场的一大亮点；贵州省以"山地公园省·多彩贵州风"品牌为抓手，积极打造旅游新产品，开展了丰富多彩的以赏花和温泉为主题的旅游活动；湖南省结合党的群众路线教育实践，大力推进红色旅游，湘潭市各红色景区开展"我们的节日"系列群众性祭扫，南岳衡山推出祭拜忠烈祠免费申领南岳门票活动，假日期间处处可见人们缅怀、祭奠革命先烈的场景；江苏省苏州市各大景区组织节日民俗文化活动，虎丘艺术花会、留园寻梦吴文化系列演绎、上方山百花节、树山梨花节等吸引游客广泛参与，全市长假三天4A及以上景区共接待游客221.54万人次，同比增长21.09%；四川省都江堰市于4月2日举办"2017中国·都江堰放水节"，吸引了30多个国家和地区的中外游客来到现场，当天全市共接待游客20.27万人次，实现门票收入173.05万元，旅游综合收入1.62亿元，同比增长25.58%。

（七）学生游成为节日游客生力军

针对2016年端午节小长假介于高考结束和中考开始之间这一情况，不少景区积极推出针对学生的优惠政策。此外，北京科学国旅、世纪明德等科教旅游企业还专门推出了针对学生的旅游活动，如松山昆虫科普营、军事夏令营、首都名校营等丰富多彩的科教游活动，满足了不同年龄学生的需求，不少游客都是以家庭为单位参加活动。这些活动吸引了大量学生参加，使学生们既放松了身心，又增长了知识。2016年端午节期间，以家庭和学生为主的出行客流比往年明显增多。

四、假日旅游公共服务不断升级,游客满意度不断提升

近年来,为确保广大游客和市民过一个祥和、欢乐、安全、有序的假期,国家旅游局以全域旅游理念推进落实旅游供给侧改革,以钉钉子的精神狠抓厕所革命,并以此带动旅游公共服务,节假日期间,广大游客的满意度明显提升。在每个节假日,国家旅游局及地方旅游主管部门都会精心安排、周密部署、确保安全,重点抓好节日期间安全保障和服务质量提升工作。各级旅游管理部门均会召集假日办成员单位召开假日工作专项部署工作会。公安、工商、交通、质监、消防、城管等各部门会同各区积极落实工作会要求,对旅游环境秩序开展重点巡视检查。确保了假日旅游安全,营造了文明有序的旅游环境。

(一)以全域旅游理念抓供给,产品丰富,游客选择多

各地大力推动"旅游+农业"、工业、交通、体育、卫生、健康、科技、航空等领域系列新型旅游业态,加强自驾游、休闲游、体育旅游等个性化旅游活动的引导,推动房车、邮轮、游艇等高端旅游消费,组织引导旅游企业开展折扣票、家庭票、多次票等多种惠民服务措施,满足人民群众节日期间多样化、多层次旅游需求。

(二)以公共服务保障游客出行,节前"旅游指南"成功引导流向

在重要节假日期间,国家旅游局均会面向社会发布假日"旅游指南",提醒游客国内热门旅游目的地情况,介绍各地假日旅游产品和旅游节庆活动,向游客推荐旅游目的地,引导游客避热点、错高峰、反向出游,提示游客出行前谨慎选择产品,旅游中注意安全,遵循文明旅游提示,理性消费,合理维权。

(三)以市场监管保障游客权益,诚信旅游深入人心

国家旅游局和各地旅游主管部门加强假日市场监管。节假日期间,"12301"旅游服务热线增加接线人员,确保24小时线路畅通,在接到相关咨询、投诉、举报后,迅速处置,及时转办。与往年相比,咨询电话所占比例上升,投诉电话所占比例明显下降。以2016年北京市春节假日为例,北京市各级旅游部门会同公安、工商、交通、城管等部门加强执法,节日期间,共出动旅游执法力量6.5万余人次,执法车辆4527台次,检查旅游企业11 054家,检查景区66家,确保了假日旅游市场平稳运行。海南省为确保春节假日旅游市场规范有序,组织6个综合督查指导组赴各市县开展旅游市场综合整治工作,围绕不合理低价、

诱导或强迫游客购物、商业贿赂、非法"一日游"、非法海上旅游、旅游安全等开展明察暗访，进一步净化旅游市场环境。

（四）以新闻宣传引导和谐氛围，文明旅游成风尚

为满足游客出行的信息需求，各地旅游主管部门加大新闻宣传报道力度，加强旅游信息提示，传播文明旅游、安全旅游理念。以2016年春节期间为例，重庆市旅游局节前召开了春节旅游专题新闻发布会，除了发布50多个特色旅游文化节庆活动和30多个景区景点优惠信息外，还专门发布了2017年春节假日文明旅游、安全旅游提示。江西全省旅游部门和旅游企业利用微博、微信等新媒体开展假日旅游安全宣传和游客服务等工作，省旅发委通过微信告知民众全省132项特色活动和优惠措施，并发布旅游出行提示。山东省多次发布旅游、交通、安全、天气等服务信息，增强了针对性。湖北省启动"晒文明为中国加分"旅游公益行动，各景区随地吐痰、信手涂鸦、乱扔杂物、大声喧哗、插队加塞等不文明行为明显减少。

第六章
2017年国内旅游面临的新特征

一、2017年国内旅游发展面临的新环境

旅游业是我国近年来发展最快的行业之一。宏观经济的稳定发展和社会环境的安定祥和为旅游产业发展提供了良好的基础。随着全面建成小康社会目标的逐步实现,国民的旅游需求不断释放,旅游消费持续升温,产业投资和创新更加活跃。在全域旅游、厕所革命、"旅游+"战略以及日趋严厉的旅游市场整顿措施的推进下,各地旅游消费环境不断完善,旅游保障体系日益健全,旅游市场秩序不断优化。同时,旅游需求升级,自由行、品质游、度假休闲旅游市场规模逐步扩大,旅游成为居民日常休闲消费的重要选项,也是人们提高生活质量和幸福指数的重要途径,2017年,我国的国内旅游将面临更好的发展环境和机遇,继续保持良好的发展态势。

(一)政策法律环境

1.国内旅游业受到中央和地方政府的持续重视,并给予全方位的政策支持

我国国内旅游业的迅速发展与中央对旅游业的政策调控有密切关系。国家出台了一系列政策促进国内旅游产业的发展与市场的完善。2016年可以被称为旅游政策年,全年发布国家级旅游政策52个,各级地方政府以及行业管理等方面也陆续出台了关于旅游产业促进、行业监管、投资保障等的政策条文与规章制度。2017年的政府工作报告强调大力发展全域旅游和乡村旅游。在2017年的旅游产业发展中,将继续推进全域旅游、"旅游+"、厕所革命等政策措施。同时,2017年也是全域旅游和厕所革命等旅游政策效应初显的时期,旅游业发展将受到更多的鼓舞。

与此同时,旅游业还将受到国家其他宏观战略政策的影响。2017年,国家将继续推进新型城镇化建设,并努力推进新型工业化、农业现代化和建设现代服务业,旅游产业与上述国家的建设重点具有良好的融合作用,特色小城镇、工业旅游、休闲农业等将获得更多的政策支持,赢取广阔的发展空间。带薪休

假政策、土地供给政策、金融支持政策以及财税政策等一系列相关领域政策的提出，也为国内旅游业的大发展提供了优良的环境。

2. 旅游发展法制环境进一步优化，发展走向规范化

旅游发展法制化环境进一步得到改善。近年来，各级政府与旅游主管机构发布了一系列促进旅游产业规范发展的法律条文、规章制度。2017年，旅游业的法制化建设将得到进一步推进。《旅行社条例》《导游人员管理条例》等法规和旅游安全监管、发展规划、宣传推广、公共服务等方面的相关规章制度将被修订和完善。此外，将进一步推进地方性的旅游法规体系建设，进一步强化旅游执法队伍以及对执法的检查力度。

（二）社会经济环境

1. 稳中向好的总体经济发展环境，将为国内旅游的持续增长提供保障

2016年，我国GDP达到744 127亿元，比上年增长6.7%。其中第三产业增加值为384 221亿元，增长7.8%。第三产业增加值占国内生产总值的比重为51.6%。全年国民总收入达到742 352亿元，比上年增长6.9%。2017年第一季度，我国的GDP增速为6.9%，经济继续保持稳中向好的发展态势。到2020年，我国将全面建成小康社会。随着这一伟大进程的深入推进，城乡居民收入稳步增长，消费结构加速升级，人民群众健康水平大幅提升，假日制度不断完善，基础设施条件不断改善，航空、高铁、高速公路等快速发展，旅游消费得到快速释放，为旅游业发展奠定了良好基础。

2. 宏观经济发展模式变革为国内旅游业转型升级、健康发展带来机遇

供给侧结构性改革代表了我国经济发展理念的根本性变化。去除落后产能，调整产业结构是未来宏观经济发展的方向。旅游业不仅是第三产业的龙头，还与第一产业与第二产业的供给侧结构性改革具有密切的联系。休闲农业、工业旅游等成为第一产业和第二产业供给侧结构性改革中的重要方向。在供给侧结构性改革中迎来巨大发展的休闲农业、工业旅游以及旅游产业本身的改善与提升，将会为我国国内旅游的持续健康发展带来机遇。市场将成为资源配置的基础性力量，旅游及其融合产业会迎来更有利的产业政策。旅游产业的有效供给将持续增加，供给结构将不断优化，旅游业将由低水平供需平衡向高水平供需平衡提升。此外，席卷全国的"双创"浪潮，对旅游业的发展也将起到更多的推动作用。

3. 共享经济进一步兴起，对国内旅游的发展模式与游客的消费行为产生重要影响

共享经济是基于陌生人且存在物品使用权暂时转移的一种新的经济模式。从 2012 年到 2015 年，共享经济企业呈井喷式爆发，涌现出了一批如国外的 Uber、Airbnb，国内的小猪短租、滴滴打车等成功的共享经济企业。旅游业与共享经济具有天然的契合性，是受共享经济影响最早和最深刻的行业之一。共享经济与旅游业的深度融合不仅改变了游客的出行方式、住宿方式，还在一定程度上改变了游客的旅游理念。共享经济渗透到游客出行的食住行等诸方面，可以提高游客的目的地体验质量，节约出行成本。2017 年，将会有更多的资本投入到旅游共享经济中，我国的国内旅游产业发展模式与游客消费行为将持续迎来变革。

4. 全民休闲时代到来，旅游更加常态化，成为人们提高幸福感的重要途径

随着收入水平的提升，人们对生活品质的要求日益提高。休闲成为人们生活中的重要需求。而旅游是休闲产业的重要组成部分，是民生产业、幸福产业。2016 年，李克强总理在达沃斯论坛中点赞五大幸福产业，旅游业居首。《国民休闲纲要（2013—2020 年）》《关于实施旅游重大工程的通知》等，预示着全民休闲的需求将有更完善的供给保障。全面休闲时代的到来，为旅游业的大发展，尤其是城市近郊短途旅游的发展提供了良好的机遇。

5. 科学技术持续进步，为旅游深入发展注入强大动力

伴随着 VR、AR 等技术的兴起与推进，2017 年，科技进步对我国旅游发展的影响将更加深入，并将全面影响到我国旅游管理的手段、产品供给的方式以及游客的消费模式。智慧景区和智慧城市的建设将更加完善，游客的出行、游览、住宿以及购物等都将更为智能化和自动化。云平台、物联网、大数据等持续改变着政府部门对旅游产业的监管和控制形式，在旺季游客疏导、旅游公共服务等方面更加精准和有效。网络技术的发展将改变产品的供给模式，免费 Wi-Fi、电子导游、智能讲解、信息推送等将成为 2017 年旅游与科技发展融合的重点对象。科技发展将为我国旅游业的信息化水平提升以及持续深入的发展注入强大的动力。

6. 基础设施建设更加完善，为旅游产业的发展提供保障

2018 年，我国的旅游基础设施建设将进一步改善。交通方面，根据交通部的"十三五"发展规划，到 2020 年，我国的交通体系将实现加密拓展、高效衔接、提质升级、智能应用以及绿色安全的发展目标，建设多向联通的综合运输通道、高品质的快速交通网、高效率的普通干线网以及广覆盖的基础服务网。城乡发展环境方面，新型城镇化建设、老旧城区改造可进一步提升乡村旅游和城市旅游的发展环境。网络建设方面，在2017年，将更加重视高效的信息网络和现代化的互联网产业体系的建设，以便更好地适应游客的消费需求，为目的地旅游体验提升提供保障。

（三）市场环境

1.市场总体秩序将更加规范，旅游服务质量进一步提升

2017年，整顿旅游市场秩序仍将是旅游主管部门的重要课题。旅游供给层面，政府、行业组织以及其他相关机构将对影响旅游产业发展的"低价游""天价饭"以及消费陷阱等进行进一步治理和整顿。游客层面，政府将继续加强对游客的文明教育，完善游客黑名单制度、不文明游客通报制度等，将更加注重从伦理道德和法制规范两种渠道整治游客的不文明行为。在旅游从业人员方面，继续推进和完善电子导游证制度，促进游客与导游之间的相互了解，促进旅游市场的和谐稳定发展。另外，将进一步改进以导游为代表的一线工作人员的用工机制和薪酬制度，从根源上铲除"低价游"等市场乱象的产生条件。

2.旅游需求的多样化、个性化、主题化趋势更加明显，细分市场更加多样

2017年，我国的旅游需求将进一步走向全方位和多样化。既有高端定制的市场需求，也有观光、穷游等市场需要。个性化、主题化的旅游需求将更加突出，骑行、探险、运动休闲等旅游产品将继续受到年轻人的追捧；商务、休闲、度假等会持续得到中高收入阶层的关注，养生、中医药、避暑以及清肺旅游等会更加受到中老年人的青睐；同时，亲子旅游、研学旅行、文化旅游产品将引起家庭旅游者的进一步关注，而文化创意产品、乡村休闲产品等则更能满足久困都市樊笼的城市居民，尤其是白领阶层的期待。未来的旅游市场中，农民旅游将成为旅游市场增长的新引擎，并将对旅游产品供给规模和供给方式产生较大的影响。国内旅游需求日趋理性，市场细分更为多样。老年旅游市场、亲子旅游市场、研学旅游市场将进一步发育成熟，并有效减轻旅游季节性突出带来的接待压力。同时，游客的自主性增强，自我表达意识与能力将进一步提升，自我表达的渠道将进一步拓宽。

3.旅游供给侧结构性改革继续推进，适应并引导旅游需求

在国家全域旅游、厕所革命等政策的强力推动之下，2017年，中国的旅游

供给侧结构性改革将被继续推进，将改变以往旅游产品供给中不适应当代游客需求的供应模式，如传统包价旅游产品对吃、住、行、游、购、娱的简单组合。旅游供给将致力于将每一个旅游要素做深、做细，以更好地满足新一代游客的旅游需求。主题化、个性化的产品将更获青睐，休闲度假、会展奖励、运动养生等旅游产品将被重点开发。同时，以观光为主导的旅游产品仍将占据相当比重，主要是为了满足年轻人以及较低收入阶层等旅游经验相对缺乏群体的需求。除了旅游产品供给的转变，旅游基础设施也将进一步完善。如旅游交通网络将会更加四通八达，旅游风景道、休闲步道等的建设将获得更大的推进。特色化旅游产品，如乡村旅游、特色小镇、体育旅游、养生旅游等将获得持续的发展。

2017 年，旅游供给除了着力满足旅游需求，还将对旅游需求产生更多的引领和带动作用，有意识地用环境塑造、产品引导、形象构建的方式，引导旅游者在目的地获取更加全面和深刻的旅游体验。

4. 旅游产业链条继续走向纵深整合与横向拓展，传统旅行社与在线服务商各领风骚

2017 年，中国的旅游产业融合将继续推进，"旅游+"的范围将不断扩大。同时，可能还会涌现更多新的融合领域。旅游产业内部将进一步并购重组，传统旅行社与在线旅游服务商竞争依然激烈，但二者的边界将更加模糊，互为融合的态势更为明朗。在线旅游服务商在注重平台打造的同时，将触手进一步延伸至线下，逐渐由无根的产业转为落地生根。传统地面服务商除了利用客户端优势，也将进一步拓展电子商务的应用。旅游产业巨头将按照主导业务类型进一步抢占细分市场。中小型旅行社将向旅游代理商的角色转变。旅游产业的小、散、弱、差的局面将进一步改变，逐步形成垄断性竞争市场。我国旅游业按照业务进行分工的传统体系将进一步被打破。旅游产业分工体系出现深度调整。

二、2017 年国内旅游发展的主要任务

（一）客源市场发展目标

2017 年，我国的旅游客源地结构与布局需要进一步优化。具体来说，面临以下几项发展任务。

1. 从不同空间尺度平衡客源地出游力及其分布状况

我国国内旅游客源市场存在明显的分布不均衡现象。从全国范围看，东、

中、西部旅游客源地呈现明显的阶梯形分布，出游力持续保持东部强、中部次之、西部最弱的态势。从区域范围看，多呈现明显的核心边缘式分布；而在省际范围内，游客出行也多集中于本省经济较为发达的几大城市。2017年，我国的旅游客源市场应进一步改善当前出游力分布不均的现状。就全国范围来说，东部地区应在提升旅游出游人次的基础上，着力提升旅游需求层次，形成商务、度假、会展、养生、体育、休闲等旅游需求综合并进的市场结构；欠发达的中西部地区，应在保证客源地居民出游基本权利的基础上，着重开发以观光为主的客源市场。在区域范围内，应平衡本区域出游冷热点的分布状况，根据各区域的实际情况，重点提升热点区域的出游质量，提高冷点区域的出游热情与出游人次数。在省际范围内，应从旅游作为居民生存基本权利的视角出发，积极培育全省范围内的客源出游习惯，形成省域范围内客源的均衡化分布。

2.大力培育农村旅游市场，缩小出游的城乡差距

随着人均国民收入的提高，农村居民出游成为未来旅游客源市场发展的主要推动力量。2015年，我国城镇居民国内出游人数为24.83亿人次，出游率为373.1%，而农村居民国内出游人数为11.28亿人次，出游率仅为167.2%。可见，农村居民的出游率与城镇居民相比，还有很大差距。而随着农村经济的发展以及乡村旅游者的行为示范，农村居民的出游意识将逐步增强。目前，我国仍有6亿多的农村居民，其出游意识处于萌芽期，还未形成稳定的出游习惯。随着新型城镇化建设和新农村建设的推广，农村居民更加富裕，对旅游等发展性消费的需求增加，尤其是较为发达地区的农民，将成为未来我国旅游客源市场增加的主要推动力量。应重点扶持农民旅游市场，提高其出游意识并引导其形成良好的出游习惯。

3.从注重客源地的出行数量关注客源地的出行品质

我国旅游客源地的规模与数量不断拓展，但开发的质量尚需提高。2017年及之后的旅游客源地建设，除了关注游客数量的提升以及出游力的建设，还需要关注游客出行的质量。应关注游客的需求结构，按照游客不同的出行经验，着力使初次出行等旅游经验较少的游客，养成出游的习惯。而对于出游经验丰富的游客，则应着力关注其旅游体验质量的提升以及旅游需求的全面满足。

（二）目的地发展目标

2017年，我国的旅游目的地的开发与建设，主要应从以下几个方面入手：

1. 进一步提高旅游目的地的接待能力和接待水平

2017年，我国应进一步加强旅游目的地建设，提升目的地的接待水平和接待能力。在全域旅游建设的推动下，完善区域内基础设施与旅游接待设施，调整产品结构，整顿旅游市场秩序。大力发展新兴旅游业态，如民宿、租车业务，提高旅游目的地的接待能力。提升目的地的网络覆盖水平与信息化程度，坚决治理"天价饭""低价游"等严重影响目的地旅游形象的恶性事件，改善旅游目的地的形象。注重旅游目的地的安全建设，提高社区在旅游开发中的地位和作用，将旅游作为提高游客和当地人共同福祉的事业来推进。

2. 推动"旅游+建设"，完善旅游目的地的产业体系

融合与共享是未来旅游产业发展的主旋律。2017年，我国的旅游目的地建设应进一步加强旅游与其他产业的融合发展。旅游目的地应根据本区域的资源优势，积极推进旅游与农业、工业以及其他第三产业的有机融合，发展休闲农业、工业旅游、邮轮旅游、养生旅游、研学旅行等。尤其应关注主要客源市场的消费需求及其变化，大力发展休闲度假等高附加值的旅游业态。

3. 旅游目的地点、线、面格局的调整与优化

随着人们旅游经验的增加与旅游兴趣的转变，其出行选择与旅游目的越来越多样化。人们的出行路线发生变化，一定程度上更加偏爱非传统的特色旅游区域。这促使我国旅游目的地的格局发生一定演变。传统的旅游热点地区的游客将在一定程度上被分流。纯粹依靠资源垄断优势，单纯依赖门票收入的旅游景区和景点在下一轮旅游目的地竞争中将处于劣势地位。一些传统意义上的冷点区域或景点，应考虑转变发展思路，注重体验性产品和特色化产品的开发，迎合游客深度体验、追求个性的消费倾向。区域内旅游目的地应加强合作，实现优势互补，按照有亮点、连成线、铺成面的发展思路，实现区域旅游发展的效益最大化。在大力推进环渤海旅游经济圈、长三角旅游经济圈、珠三角旅游经济圈、成渝旅游经济圈以及长江中游旅游城市群建设的基础上，进一步培育香格里拉民族文化旅游区、太行山生态文化旅游区等20个跨区域的特色旅游功能区。打破区域旅游合作中的行政壁垒，推进更大范围内的旅游资源整合与开发。

4. 大力发展全域旅游，推进目的地旅游业的整体建设

全域旅游概念的提出，实际上是旅游目的地建设思路的转变。其核心是从最初将旅游者笼罩在旅游罩中，转变为让旅游者融入目的地的日常生活。未来的旅游目的地建设，应努力打造外来游客与当地居民共享的生活空间，并

将旅游的理念融入经济社会发展的全局。发展全域旅游，并非放弃景点和景区旅游，而是要在景区景点旅游的基础上，引导游客在全域的范围内进行旅游体验和旅游消费。这对旅游目的地的整体便捷性和可体验性提出了更高的要求。2017年的旅游目的地建设，应在全域旅游思想的指导下，努力完善目的地的基础设施建设，提升旅游接待能力，从而改善游客的目的地体验质量。

（三）旅游流发展目标

1. 旅游交通更加通达，逐步实现旅游交通的智慧化管理

做好旅游交通发展顶层设计。制定促进旅游交通发展的意见，完善旅游交通布局。推动旅游交通大数据应用，建立旅游大数据和交通大数据的共享平台和机制。改善旅游通达条件，推进重要交通干线连接景区的道路建设，加强城市与景区之间交通设施和交通组织建设，实现从机场、车站、客运码头到主要景区交通无缝衔接。支持大型旅游景区、旅游度假区和红色旅游区等建设连通高速公路、国省道干线的公路支线。力争到"十三五"期末，基本实现4A级以上景区均有一条高等级公路连接。

2. 改善乡村的道路基础设施建设，提高乡村旅游的可进入性

乡村是当前旅游业开发的重要市场。但由于经济发展较为落后，道路等基础设施建设有待加强，尤其是处于贫困地区的乡村旅游地。应大力加强乡村旅游的道路基础设施建设，推进乡村旅游公路建设以及乡村旅游中停车场等的建设。提高乡村旅游重点村道路建设等级，重点解决道路养护等问题，推进乡村旅游公路和旅游标识标牌体系建设。加强旅游扶贫重点村通村旅游公路建设。

3. 实现旅游交通的结构调整与布局优化

优化旅游交通布局。从航空、铁路、水路等各个方面优化我国旅游交通布局。加强中西部地区和东北地区支线机场建设，支持有条件的地方新建或改扩建一批支线机场。增加重点旅游城市至主要客源地直航航线航班，优化旅游旺季航班配置。加强重点旅游区的通用机场建设。提升铁路旅游客运能力。推动高铁旅游经济圈发展。加大跨区域旅游区、重点旅游经济带内铁路建设力度。根据旅游业发展实际需求，优化配置旅游城市、旅游目的地列车班次。增开特色旅游专列，提升旅游专列服务水准，全面提升铁路旅游客运能力。发展国际铁路旅游。

（四）旅游市场发展目标

1. 市场规模：实现旅游人次数与旅游收入的稳定提升

2017年是旅游业发展"十三五"规划实现的中间年份，对旅游发展目标的实现起到重要的作用。根据发展规划要求，"十三五"期间，我国的旅游经济要实现稳步增长，城乡居民出游人数年均增长10%左右，旅游总收入年均增长11%以上，旅游直接投资年均增长14%以上。到2020年，旅游市场总规模达到67亿人次，旅游投资总额2万亿元，旅游业总收入达到7万亿元。按照预期的发展速度，2017年，我国应努力实现国内旅游人次达到53.7亿人次，旅游总收入5.86万亿元。

2. 市场秩序：发展规范、竞争有序

2017年，应继续推进旅游市场秩序的调整，从根本上解决影响旅游市场健康发展的问题。坚持按照《关于加强旅游市场综合监管的通知》，继续推行依法治理旅游市场秩序三年行动计划，严厉查处旅游市场的违法违规行为。继续推进旅游警察和巡回法庭制度，继续健全旅游投诉机制，完善"我要投诉举报"平台、"全国旅游投诉举报和案件办理管理系统"以及12301旅游投诉电话的易用性，保障游客投诉迅速及时地获得处理。在游客端，在保障游客基本权益的基础上，对游客加强旅游知识教育，引导游客理性消费。大力弘扬文明旅游，加强对不文明旅游行为的惩戒力度，并推动将游客的不文明旅游行为与个人征信挂钩。继续推进旅游法制化建设，国务院与国家旅游局应在把握旅游市场总体情况的基础上，制定纲领性的旅游市场规范制度，各级地方政府根据自身旅游业发展的实际情况，制定规范本地旅游市场秩序的具体政策，并试行旅游市场规范制度的改革与创新。

3. 产品供给：构建供需协调、布局优化的旅游产品供给体系

2017年，应继续推进旅游产业供给侧结构性改革。进一步改变传统旅游产业供给体系中单纯依靠旅游要素的发展模式。根据旅游需求的新特点与新要求，逐步淘汰落后的产品形式，大力发展休闲度假、乡村旅游、邮轮旅游、会展旅游等新的产品形式，建立起供需更加协调，布局更为优化的旅游产品供给体系。

4. 新兴业态：保护与培育，以期满足市场多重需要

分享经济和高科技是改变未来旅游业发展的重要推动力量。2017年，我国的旅游业发展应努力迎合分享经济发展的浪潮，积极主动应用高新科技，重点培育旅游新兴业态，大力发展短租、民宿等非标准旅游住宿业，建设自驾车旅

居车营地、帐篷酒店等特色化旅游住宿设施。加强旅游与工业、农业与现代服务业的融合发展，培植并鼓励新的融合业态的发展。

三、2017年国内旅游发展的相关建议

（一）客源地建议

1. 促进旅游作为一种异地生活方式理念的确立

随着我国经济的不断发展和人均GDP的日渐提高，到别处去看看，在向往已久的地方生活一段时间，体验异地的不同生活已成为当今很多居民，尤其是城市居民和年轻一代的经常性选择，甚至成为生活的常态。逃离日常生活喧嚣，步入旅游的神圣世界，在获取充足的精神能量与足够的身心放松后，重新投入工作和日常生活。未来我国的旅游客源地建设，尤其是较为发达地区的旅游客源地，应大力营造旅游的幸福效应，培养当地居民的旅游习惯，使旅游成为经常性和习惯性的消费选择，促使旅游作为一种异地生活方式的理念而确立，使旅游成为一种常态化的生活选择。

2. 将旅游作为提高居民幸福感指数的重要民生工程

旅游产业是五大幸福产业之首，在提升民众幸福感方面具有重要作用。旅游客源地应充分重视旅游在民生方面的重要作用，出台相关措施保障本客源地居民的出游权利，提升其出游的积极性。另外，客源地应着力提高居民的旅游知识，并加强对游客出行的安全教育与素质教育，强化文明旅游的宣传与推广。

（二）目的地建议

1. 注重目的地品牌运营，提升游客体验质量

随着游客消费经验的提升与消费诉求的改变，目的地应打破原来的要素分割的局面，从整体着手，塑造目的地的品牌形象。随着游客消费模式与旅游诉求的变化，目的地不再仅限于为游客提供"吃、住、行、游、购、娱"旅游六要素，而是应提供独一无二的全方位旅游体验。因此，目的地建设应有全局意识。从目的地的整体环境治理、居民的人文素质提升、好客城市建设以及旅游产品质量提升等角度，全面改善游客的目的地体验，并不断提升游客的体验质量。

2. 改善旅游产品结构，并注重市场的宣传推广

着力解决旅游产品结构的突出矛盾，逐步减少旅游娱乐、购物、体验、文

化消费，改变当前我国游客消费中交通、住宿、景区门票等刚性支出占比较高的现状。注重旅游品牌创建，促进旅游目的地的品质提升，实现要素配置向服务体系构建、粗放服务向精细和品质服务、传统服务向专业服务等的转变，实现景点、产品、宾馆酒店等有形内容向旅游文化、旅游服务、旅游体验等无形内容的转变。

在改善目的地旅游产品结构的基础上，注重目的地的营销宣传与推广。采用多种宣传渠道，把握目标客源市场的消费需求与消费习惯，利用旅交会、电视、广播等传统营销方式以及微博、微信、移动APP等现代化的营销方式，将目的地作为整体进行宣传推广，力争打造独一无二的目的地品牌形象。

3. 注重区域联合与资源整合，打造精品旅游目的地

利用国家大力发展旅游业的相关政策，推动区域旅游的联合发展。相邻的旅游目的地应整合旅游资源，打破同质竞争，实现优势互补，突出各自长处，以实现区域旅游的协调和快速发展。在继续加强传统的京津冀旅游圈、长三角旅游圈、珠三角旅游圈以及成渝经济圈的区域合作基础上，促进更多的相邻省、市、县从不同空间尺度进行旅游业的协调发展。同时，促进区域内旅游产业与其他产业的融合发展，充分发挥不同产业相加带来的发展优势和红利，打造和谐健康的旅游业发展秩序，力争建设更多的国内精品旅游目的地。

（三）旅游流建议

1. 既要关注宏观交通体系的构建，也要注重对小尺度旅游流的疏散与调整

随着高铁网络建设与航空覆盖面的扩展，我国大尺度的宏观交通体系已经日趋完善。相比而言，景区内部的小尺度交通体系构建仍需加强。以景区直通车、电瓶车、缆车等为主体的景区内交通，在疏导旺季人群拥堵，提高景区接待能力等方面应发挥重要作用。未来的旅游流建设，应对微观尺度的景区内交通给予更多重视。重视景区和旅游社区内的通达度建设，做好停车场的增建和扩建工作。

2. 注重旅游流体系构建的同时，关注旅游客源的安全流动

未来的旅游流建设，既要重视旅游交通的覆盖面和通达度等硬性指标，也要注重对旅游客源流动过程中安全状况的保障。从道路安全设置、交通工具的安全设施设备、游客与旅游服务人员的安全意识培养、政府部门与行业的安全运行规章等方面入手，在硬件、软件以及管理三个层面构建和完善旅游交通安全体系，并注重对旅游交通安全的监管和防范。

(四)旅游市场建议

1. 强化行业协会在规范旅游市场秩序中的作用

旅游市场秩序规范是2017年乃至今后很长一段时间内的旅游监管部门的重要任务。当前在旅游市场秩序规范过程中,政府的监管占据主导地位。根据欧美地区旅游业发展的经验,行业协会在协调旅游市场秩序方面可以起到重要作用。行业协会的监管与行政干预不同,它是企业自动联合并结合第三方力量,对市场秩序进行的自我约束性规范和管理,具有自发性和灵活性。未来我国的旅游市场秩序规范,除了继续强化旅游行政管理这一"看得见的手"的主导作用之外,还应下大力气培养行业协会在旅游市场自我秩序规范方面的能力,使我国的旅游市场秩序走向更加健康和谐的发展方向。

2. 加强旅游市场诚信体系建设,促进行业健康持续发展

我国的旅游市场秩序混乱的根源之一在于诚信体系的缺失。未来的旅游市场规范建设,应更加注重建立和健全旅游诚信体系,从旅游从业者、旅游者以及旅游管理部门三个方面加强旅游市场的诚信体系建设。继续推行电子导游制度,游客可以方便地获取导游资质与其从业经历等信息,并自主选择导游服务。继续推进将游客不文明行为纳入个人征信体系,规范游客出游行为。加强相关信息披露,促进游客与导游建立起互信友好的服务氛围。

3. 改变导游的薪酬体系,促进行业的健康发展

导游薪酬体系不合理是导致当前旅游市场欺客宰客现象的重要原因。缺乏一个合理的导游薪酬机制,导游没有合法稳定的收入是影响导游服务质量的主要原因。由于导游属于旅游业中"无薪水、无劳保、无福利"的三无群体,导游带团服务所得成为导游的唯一收入来源。这一现状成为导致游客与导游关系恶劣的根本原因。未来的旅游市场秩序建设,应从改善导游薪酬体系出发,通过政策和财政扶持,在旅游业发达的云南、海南等地区进行导游薪酬体系改革的试点工作。彻底解决导游的薪酬和社保问题,不仅需要相关的政策和财政支持,还需要行业协会的统筹协调、旅游企业的配合以及导游自身的努力。只有从这几个方面同时发力,才能解决好导游人员的薪酬和社保问题,从而杜绝导游恶意欺客等行为的发生。